JN083085

第三版

オーストラリア・ニュージーランドの教育

グローバル社会を生き抜く力の育成に向けて

青木麻衣子・佐藤博志 編著

東信堂

第三版刊行によせて

本書の目的

21 世紀に入って以後、グローバル化の一層の進展は、人・モノ・情報の流れを加速化し、一方で社会の多様化を導くと同時に、他方で世界の同質化・一元化をもたらしてきた。また、地球温暖化をはじめとする環境問題やそれに関連したエネルギー資源の分配等、世界規模での検討や解決が求められる課題も増えている。こうした現代世界において、我々には多様な背景を持った人々と協働し、常に変化する課題の解決に柔軟に対応できる人材を育成することは、多文化・多言語国家のみならず、いまや世界各国が共通に抱える喫緊の課題であることは間違いない。

各国ともに、初等中等教育段階では、キーコンピテンシーや 21 世紀型スキルといった、いわゆる汎用的能力の育成が教育課程基準等に組み込まれ、重視されている。また、高等教育段階でも、従来の専門性に加え、グローバル社会で必要とされる資質・能力の育成に力が入れられており、大学を中心に、大卒者特性 (Graduate Attributes や Graduate Capabilities)、学士力などの名称で、卒業時に身に付けておくべき知識・技能の明確化が図られている。

このような汎用的能力の育成にあたっては、これまでの知識中心の教育からの脱却が求められるため、教育環境の整備や評価の刷新、教員の資質・能力の向上等、多岐にわたる改革が同時に求められる。また、例えばリテラシーやニューメラシーに代表されるように、このような能力が学校教育だけで育成されるものではないため、ある特定の社会文化的背景に由来する資質・能力を、「汎用的」という名の下にすべての子どもに要求し、従来、暗黙に理解されてきた教育格差を明るみに出し、支援の対象として固定化する危険性もすでに指摘されている。

しかしながら、PISAやTIMSSをはじめとする国際的な学力調査の定着・浸透は、このような汎用的能力の育成を、今後も一層強化していくと考えられる。既に20年近くが経過するが、2000年のPISA調査で好成績を収めたフィンランドの成功例は未だにモデルとして参照される一方、成績の芳しくなかったドイツは、これまでの教育制度の抜本的な見直しを突きつけられた。グローバル化の進展により要求されるこの新たな資質・能力の出現は、このように、各国・地域の人材育成のあり方に多大な影響を与え、各国・地域間の競争を一層促進しているのである。

また、1980年代後半以降の経済至上主義的な政策による、教育の効果性・効率性の追求も、このような競争を後押しする要因となっている。特に教育機関への権限の移譲は、その成果に対する責任の移譲でもあり、教育の質の維持・向上のみならず、教育機関、さらには教員の質の効果的かつ効率的な「管理」が求められている。

本書は、多文化国家であるオーストラリアおよびニュージーランドが、変化の激しい現代社会において、国内の多様性をどのように受け止め、国際競争力の強化に向けて、どのような教育政策を展開・実施しているのかを、特に両国が示す能力観・人材育成観に着目し、その全体像を明らかにすることを目的としている。

オーストラリア、ニュージーランドはともに南半球に位置し、イギリスをかつての宗主国とする英連邦国家の一つである。また、先住民をはじめ、第二次世界大戦後の戦略的な移民の受け入れにより、国内に多様な言語・文化的背景を持つ人々により構成される多文化国家である。そのため、両国とも「国家」としての歴史は相対的に浅いものの、移民国家としての経験にはすでに一定の蓄積がある。それゆえ、グローバル化のさらなる進展により、ますます多様化する現代社会において、国内の多様性と向き合い、葛藤を抱えつつもそれを資源として活用しようと努めてきた両国の経験は、各国・地域にとって先行事例として共有できる。

また、特にオーストラリアでは近年、高等教育段階はもちろん、初等中等教育段階でも数多くの留学生を受け入れており、教育はいまや一大輸出産業と見なされている。教育を産業の一つと捉えることに是非はあるだろうが、特に先進諸国を中心に、少子高齢社会への移行が避けられない今日、多くの若者を惹きつけ、かつ社会に引き留めるきっかけを提供する同国の教育は、注目に値する。一方、ニュージーランドでは、隣国オーストラリアをはじめ海外へ出る若者が後を絶たず、それによる「頭脳流出」が問題視されてきた。そのため、そのような流れを食い止めるためにも、教育制度・内容の現代化と国際競争力の強化が求められている。

両国では2000年代後半以降、さまざまな分野で組織整備をはじめとする大規模な改革が進められてきた。もちろん必ずしも、速い＝良い、ということではない。しかし、社会が急速に変化を遂げていくなかで、その社会を担う人材に求められる資質・能力やその育成のあり方に変化が求められるのもまた、事実であろう。本書が示す可能性や課題は、オーストラリア、ニュージーランドだけに該当するものではない。時代の変化に対する両国の姿勢や対応をとおして、現代グローバル社会における教育の役割を再考するきっかけが提示できればと考えている。

本書のオリジナリティ

本書は、『オーストラリア・ニュージランドの教育』（石附実・笹森健編著, 2001年）の第三版である。第二版にあたる「新版」では、初版の刊行から十数年を迎え、内容の大幅な刷新を行った。オーストラリア、ニュージーランド両国では、2000年代に入り、教育評価制度の整備、就学前教育の充実、ナショナル・カリキュラムの開発、教職スタンダードの導入等、これまでに例を見ない速さで大規模な改革が進められてきた。2014年に「新版」が発行されて以降も、その勢いはとどまることなく、特にオーストラリアでは、各州政府による同意と連邦政府からの財政支援という縛りにより、統一的な指標を旗印とする教育の推進が、一層強化されつつある。本書では、そのような動向から、可能な限り「新版」以降の内容・情報の刷新を行なうことを心がけた。

これまで我が国の比較教育研究はアメリカやヨーロッパを中心に進められてきており、近年アジア地域の研究も増加してはいるものの、現在なお国内では、オーストラリアやニュージーランドが取り上げられることはまれである。一方、OECDの報告書や国際的なジャーナルでは、オーストラリアの教育改革が示唆に富むものと注目されている。また、特にオーストラリアでは、先述のように、教育は第三の「輸出品」であり、様々な議論はあるものの、国際教育に関する動向は、常に国内外の関心を集めてきた。これらのことを考えれば、我が国への教育政策の還元という観点からも、これらの国々の教育を取り上げる意義はある。また、比較教育学研究の進展にも新たな一石を投じることができると考える。

一方、ここ十数年間で、両国の教育に関して個々の領域もしくはテーマを扱った研究は、確実にその数を増やしてきた。高等教育、学校経営、シティズンシップ、リテラシー教育、言語教育、先住民教育、特別支援教育等、さまざまな領域・テーマで研究書が刊行されている。これは、ある特定の一分野における研究そのものの発展にとっては必要かつ重要なことであろう。しかし、このような研究領域・テーマの個別化・局地化はそれぞれの研究を深く掘り下げる長所がある一方で、その国の全体的・包括的な特質を明らかにできないとの課題も持っている。またそれは、最近の比較教育学研究の傾向とも重なるところがあろうが、社会における「教育」の意義や役割を再考する機会を減じているように思われる。本書が提示する、オーストラリア、ニュージーランド両国の能力観、人材育成観をとおして、国家と「教育」との関係性や「教育」そのものの意義・役割について考えるきっかけを、少しでも読者の方々に提供できていれば幸いである。

本書の構成

本書の目的は、オーストラリア、ニュージーランドの教育の「いま」を網羅的に示すことにある。しかしながら、単なる「概説」の提示ではなく、オーストラリア、ニュージーランドという国家が、どのような教育観・人材育成論をもとに政策・プログラムを提示し、それが各教育機関等でどのように実現されているのかをテーマに各章を構成する。これにより、近年、各国・地域で注目される「学力」向上政策や学校評価との比較も可能になると考える。

第一部ではオーストラリア、第二部ではニュージーランドを扱う。第一部・

第二部ともに、第1章は、特に1990年代以降の両国の教育政策の展開と教育制度とを概観し、その特質を提示することを目的としている。続く第2章では、カリキュラム政策・制度に焦点を当て、その改革動向を提示する。両国ともに、汎用的能力(general capabilities)、キーコンピテンシーと呼ばれる教科・領域横断的スキルの育成が教育課程に含まれているが、それらと各教科・領域との関係性および学力調査との関連等を中心に紹介する。第3章では、国内の多様性に目を向ける。先住民、移民を構成員とする両国が、かれらの持つ多様性をどのように教育資源として用い、かつどのような課題を抱えているのかを追究した。最後に第4章では、社会の要請がより直接的に反映される高等教育を概観する。能力観・人材育成観の明確化といった観点から、これまで個別に扱われることが多かった職業教育訓練についても、より大きな政策・制度の枠内で検討している。なお、ニュージーランドについては、改訂作業中(2018年末時点)に、改革が進行中であり、現時点で不透明な点については言及せず、現行の政策・制度を提示することとした。

これらの各章に加え、第一部のおわりには、「オーストラリアの教育現場の日常」と題し、二つのコラムを掲載した。一つは、学校教育現場をフィールドに、かつてオーストラリア、ビクトリア州の学校に勤務した経験を持つ筆者が、政策・制度からはうかがい知れない、学校や教員の日々の様子を紹介する。読者のみなさんに、改革の背後にあり、その改革を支えるオーストラリアの教育「風土」を感じとっていただければと考えた。また、もう一つは、急速に「変化」を求められる大学に目を向け、オーストラリアの大学に勤務する筆者に、日々の職務を紹介していただいた。近年、各国で大学の国際競争力の強化が求められているが、英語圏であるオーストラリアでは、日本以上に「業績」管理が徹底されており、大学教員を取り巻く環境も大きく変化している。教育、研究、社会貢献もさることながら、研究費獲得をめぐる状況等、大学教員に日々求められる業務を赤裸々に記していただいた。

第二部のおわりには、本書の総括として、オーストラリア、ニュージーランドの教育の特徴の一つである、学校の自律性と校長のリーダーシップを取り上げ、両国の動向を示すとともに、日本への示唆の提供を試みた。歴史的背景や社会経済状況のちがう国々を一概に「比較」することは難しいが、オーストラリア、ニュージーランドを通して見えてくる日本の課題が提示できればと考えた。

近年、オーストラリア、ニュージーランドは、(英語公用語国のなかでは)安全かつ比較的安価な修学旅行先として定着しつつある。また、特にオーストラリアは、日本人にとっても人気のある留学先の一つでもある。さらに最近では、オーストラリア、ニュージーランドへの移民・移住を考える人も少なくない。そのため、実際に現地に赴く前に、また訪問後、自分が得た知識・理解を深めたいと思ったとき、そのきっかけとなる「入口」を図書として用意しておくことは重要である。本書が、教育研究者、オーストラリアおよび／またはニュージーランド研究者のみならず、両国の教育に興味を持つ人々にとっても何らかの示唆を与えられるものであれば、幸いである。

最後に、出版情勢が厳しい状況が続くなか、新版に続き、今回も第三版の出版を快くお引き受けいただいた東信堂代表取締役　下田勝司氏にも心よりお礼を申し上げたい。

編　者

目次／第三版　オーストラリア・ニュージーランドの教育

第2部　ニュージーランドの教育　103

略語一覧

【オーストラリア】

ACARA (Australian Curriculum, Assessment and Reporting Authority)
オーストラリア・カリキュラム評価報告機関

AEC (Australian Education Council) オーストラリア教育審議会

AISC (Australian Industry Skills Committee)
オーストラリア産業審議会

AITSL (Australian Institute for Teaching and School Leadership)
オーストラリア教職・リーダーシップ機関

ALGA (Australia Local Government Association) オーストラリア地方政府協会

AQF (Australian Qualification Framework) オーストラリア資格枠組み

ASQA (Australian Skills Quality Authority) オーストラリア技能質保証機関

AUQA (Australian Universities Quality Agency) オーストラリア大学質保証機構

AWPA (Australian Workforce and Productivity Agency)
オーストラリア労働力・生産性機構

CAE (Colleges of Advanced Education) 高等教育カレッジ

COAG (Council of Australian Governments) オーストラリア政府審議会

ESA (Education Services Australia)
エデュケーション・サービス・オーストラリア

ESL (English as a Second Language) 第二言語としての英語

IBSA (Innovation and Business Skills Australia)
オーストラリア・イノベーション・ビジネス技能審議会

IPS (Independent Public Schools) インディペンデント・パブリック・スクール

KLA (Key Learning Area) 主要学習領域

LiWC (Learning in the Workplace and Community) 職場と地域社会における学習

LOTE (Languages Other Than English) 英語以外の言語

MCEETYA
(Ministerial Council on Education, Employment, Training and Youth Affairs)

連邦雇用教育訓練青少年問題審議会

NAP (National Assessment Program)　全国学習到達度調査

NAPLAN (National Assessment Program- Literacy and Numeracy)
リテラシーとニューメラシーの全国学習到達度評価プログラム

NCB (National Curriculum Board)　ナショナル・カリキュラム委員会

NEA (National Education Agreement)　全国教育合意

NPSAF (National Partnership on the Skilling Australians Fund)
国民の技能向上のための基金に関する全国連携協定

NVR 法 (National Vocational Education and Training Regulator Act 2011)
2011 年国家職業教育訓練監督機関法

QCT (Queensland College of Teachers)　クイーンズランド州教員協会

QSA (Queensland Study Authority)　クイーンズランド州学習機関

RTO (Registered Training Organisation)　登録職業訓練機関

SACE (South Australian Certificate of Education)
南オーストラリア州教育修了資格

SCSEEC (Standing Council on School Education and Early Childhood)
学校・就学前教育に関する常設審議会

TAFE (Technical and Further Education)　技術継続教育機関

TEQSA (Tertiary Education Quality and Standards Agency)
オーストラリア高等教育質・基準機構

VET (Vocational Education and Training)　職業教育訓練

WIL (Work Integrated Learning)　職業統合教育

【ニュージーランド】

BCITO (Building and Construction Industry Training Organisation)
建築・建造産業訓練機関

BES (The Iterative Best Evidence Synthesis)
ベストーエビデンス統合プログラム

BOT (Board of Trustees)　学校理事会

e-asTTle (Assessment Tools for Teaching and Learning)

教授学習のための教育評価ツール

ERO（Education Review Office） 教育機関評価局

ITOs（Industry Training Organisations） 職業訓練機関

NCEA（National Certificate of Educational Achievement）

後期中等教育段階での全国資格認定試験

NQF（National Qualifications Framework） 学術および職業に関する資格枠組み

NZCER（New Zealand Council for Educational Research）

ニュージーランド教育研究所

NZQA（New Zealand Qualifications Authority） ニュージーランド資格審査機構

NZQF（The New Zealand Qualifications Framework） 全国統一資格制度

PaCT（Progress and Consistency Tool） 発展と適切性を導く教育評価ツール

PTEs（Private Training Establishments） 民間訓練機関

SEMO（Strengthening Education in Mangere and Otara）

学習環境改善プロジェクト

TC（Teaching Council） ニュージーランド教員審議会

TEC（Tertiary Education Commission） 高等教育委員会

TEIs（Tertiary Education Institutions） 高等教育機関

UNZ（Universities New Zealand） ニュージーランド学長委員会

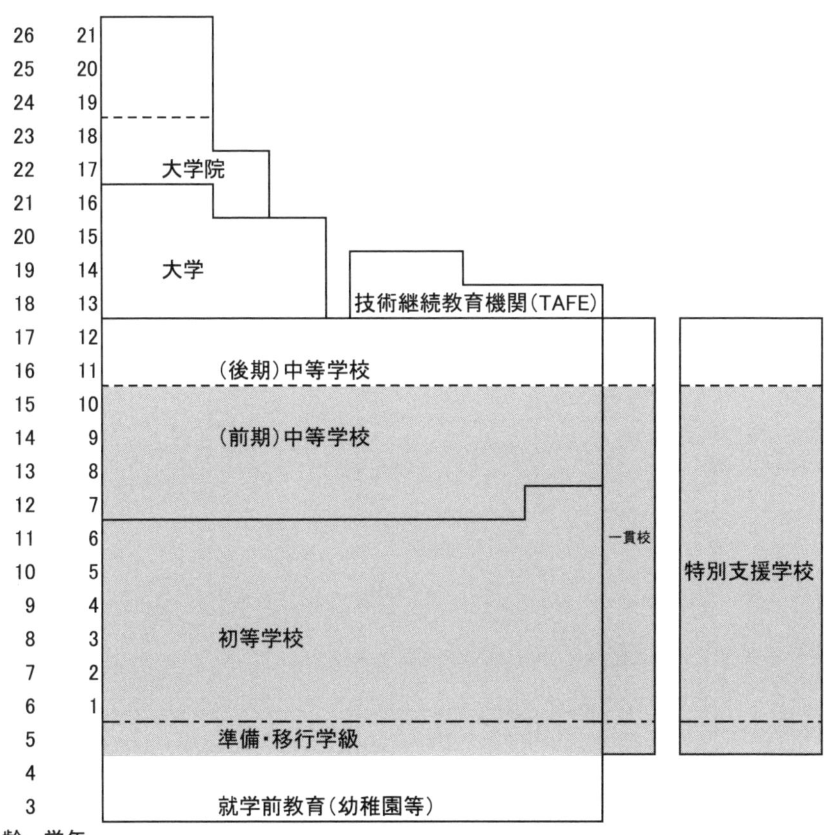

※就学前教育の名称は、州により異なる。
※網掛けは義務教育。

オーストラリアの学校系統図

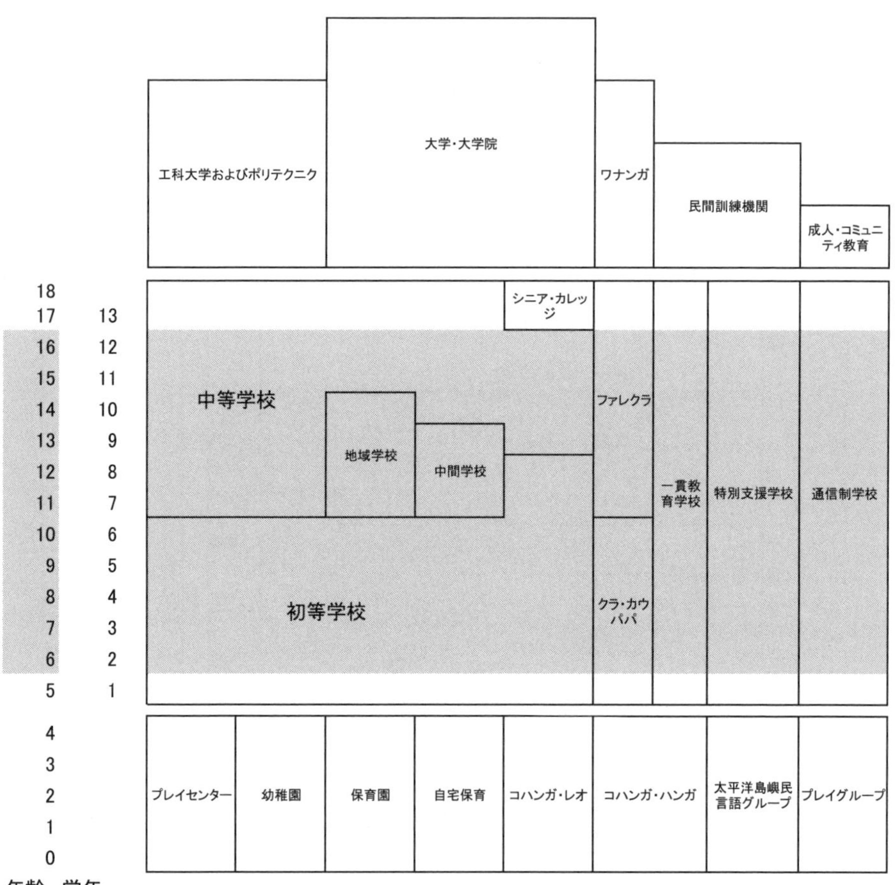

※網掛けは義務教育。

ニュージーランドの学校系統図

第三版
オーストラリア・ニュージーランドの教育
——グローバル社会を生き抜く力の育成に向けて

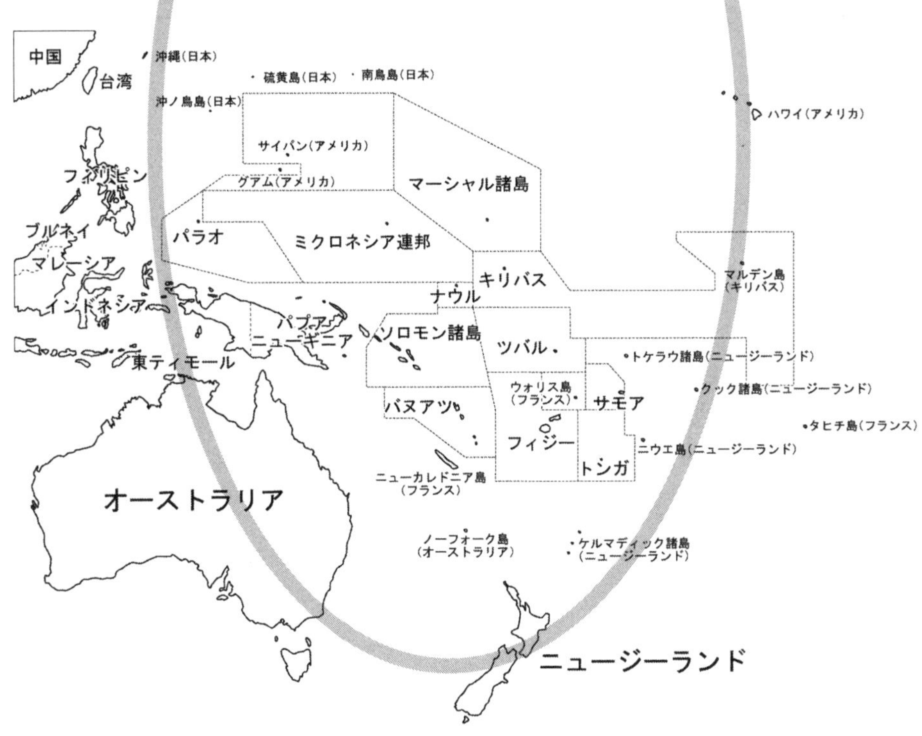

オセアニア地域

第１部
オーストラリアの教育

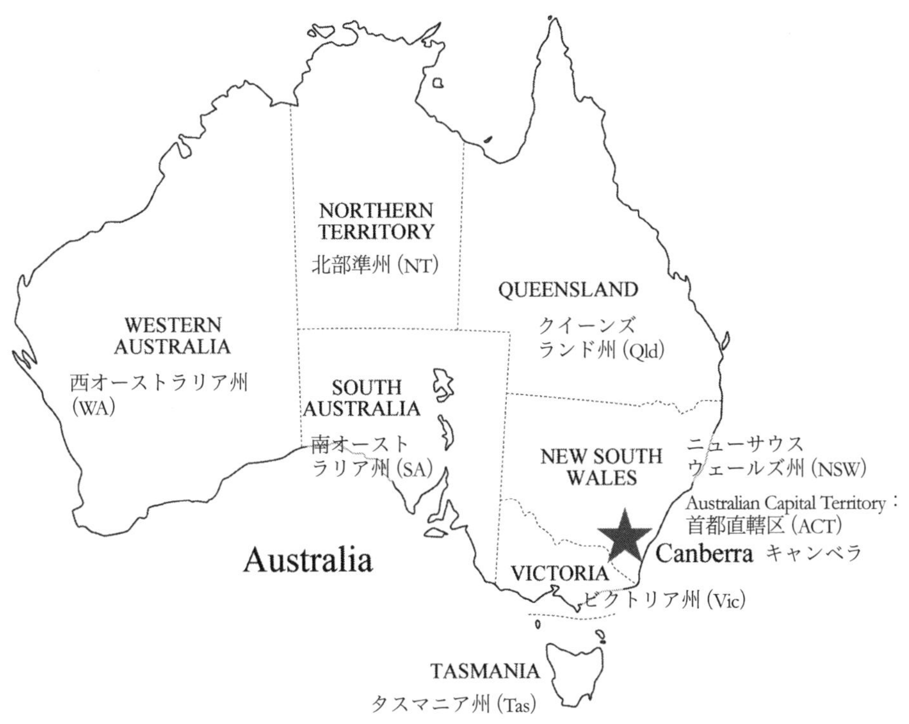

第1章　オーストラリア

社会と学校教育

青木 麻衣子

首都キャンベラ。人工湖を挟んで向かい合う新旧国会議事堂。

第1節　オーストラリア社会のなりたちとその特質

オーストラリアは多民族・多文化国家である。また、1970年代後半以降、公的に多文化主義を国是とし、国内の多様性の維持・涵養とともに、国家としてのアイデンティティの確立に努めてきた。多様な背景を持った子どもたちとどう向き合い、かれらをどのようにオーストラリア社会に貢献できる人材に育成しようしてきたのか。本章では、はじめに、能力感・人材育成観の形成に影響を与えるオーストラリアの社会的特質を概観するとともに、続く各章で具体的に検討する、近年の学校教育改革の全体的な動向を整理しておきたい。あわせて、オーストラリアの教育制度を概観し、その特徴をまとめておく。

1. オーストラリアの人口構成と言語使用

オーストラリアは南半球に位置する世界で一番大きな「島国」であり、かつ世界で一番小さな「大陸」である。国土面積は約769万平方キロメートルで、日本の約20倍と言われている。もともと六つの独立した植民地が連邦制を採用することで国家としての歩を開始した同国では、いまでも州の独立性・自立性が強い。世界的に観光地として有名なシドニーを擁すニューサウスウェールズ州（NSW）、かつての首都メルボルを抱えるビクトリア州（Vic）をはじめ、クイーンズランド州（Qld）、南オーストラリア州（SA）、西オーストラリア州（WA）、タスマニア州（Tas）に、首都キャンベラの位置する首都直轄区（ACT）、北部準州（NT）を加えた6州2直轄区で構成される。

最近の国勢調査（2016年）によれば、総人口は約2,340万人である。このうち「オーストラリア生まれの人」の割合は約68％で、過去5年以内にオーストラリアで生活をはじめた人の割合は18％にも上る。先進諸国の多くが一様に人口減少の問題を抱えるなか、戦略的な移民・難民の受け入れにより、同国の人口は近年、増加の一途をたどっている。

白豪主義政策をしいてきたとの歴史的背景と英連邦諸国の一員であるとの政治的要因から、かつて同国の移民の大半はヨーロッパ地域出身者であったが、近年はアジア地域出身者が存在感を増している。いまだに元宗主国であるイギリス(England、総人口の3.9%)がその首位を維持しているものの、特に中国(2.2%)、インド(1.9%)出身者の急増は著しい。このような変化は、戦略的な移民の受け入れと、1980年代後半以降、公的に門戸が開放された大学をはじめとする高等教育機関への留学生の急増を背景としたものである。

しかしながら、このような移民の多文化化の一方で、英語のみを話す人の割合は約72%であり、(母語がそうでなくても)家庭で日常的に英語を使用する人の割合も約80%と高い。中国系移民の急増により、家庭で英語以外の言語(LOTE)を使用する人の割合は、先の国勢調査(2011年)より増えてはいるものの、移民の世代交代や、1970年代後半以後のポイント制度により進められる技術移民(skilled migration)の優先的受け入れにより、この傾向は今後も維持されると予想される。近年の移住者で英語を全く話せない人の割合は、難民や家族移民を含めても、わずか3.1%に過ぎない(2011年国勢調査)。

移民とともに多文化国家オーストラリアを支える先住民の人口(2016年国勢調査)は、アボリジナル(Aboriginal)およびトレス海峡島嶼民(Torres Strait Islanders)あわせて、総人口の約2.8%である。そのうち約6割は、NSWとQldに居住しているが、各州の総人口に占める先住民の割合では、NTが26%と最も高い。家庭で先住民の言語を使用する人は約10%であり、移民同様、英語化が進んでいる。

オーストラリアの教育関係者と話をすると、人によって多少表現は異なるが、「オーストラリアは多文化社会(multicultural society)だけど単一言語社会(monolingual society)」と聞くことがある。ナショナル・カリキュラムの導入により「言語(Languages)」が各州で必修化されLOTEに触れる機会は保障されているとはいえ、第2章で詳しく触れる全国学力テスト(NAPLAN)の影響等により、英語リテラシーの習得に一層力が入れられているのも事実である。移民・先住民問わず、グローバル化の影響も手伝って、家庭・学校での英語化は避けられない状況と言える。

2. 多文化主義政策の展開とシティズンシップの重視

オーストラリアは、1970年代後半にそれまでの白豪主義を諦め、公的に多文化主義を国是としたが、その根底には、それまでと変わらず、多様な背景を持った人々をいかに社会に統合し、国家としての枠組みを維持し得るのかとの政治的関心があった。確かに、多文化主義政策の導入をもたらした直接の原因の一つは、1970年代以降増え始めていた英語を母語としない移民に対する支援の充実を求める動きにある。特に1978年の通称「ガルバリー報告」は、移民の定住後のサービスにおける公正と文化維持の問題を提起し、その後の政策の礎を作った。しかし、多文化主義の定義が初めて公文書で示された1970年代後半以来、多文化主義が、以下に示すように、一貫して国家としての枠組み・統一性の構築を追い求めてきたのも事実である。

1977年の『多文化社会としてのオーストラリア（Australia as a Multicultural Society）』では、同国の多文化主義が機会の平等、文化的アイデンティティの尊重とともに社会的包摂をその基盤に据えるものであることが確認された。また、1989年の『多文化オーストラリアのためのナショナル・アジェンダ（National Agenda for a Multicultural Australia）』では、多文化主義が具体的に、①オーストラリアへの参加を最優先させる義務、②英語をはじめとするオーストラリアの基本的な慣習と制度（institution）を受け容れる義務、③他者が自身の見解や価値を表明するのを受け容れる責任という三つの義務／責任を内包すると主張された。さらに1990年には、新たなナショナル・アジェンダが発表されたが、そこでも多文化主義が市民（citizen）としての義務を含む概念であることが再度確認されている。

2000年以降は、ハワード保守連合政権の下、この多文化主義の代わりに、より一層国家としての枠組み・統一性を意識した「シティズンシップ」が政策文書等でより好んで使用されるようになった。シティズンシップとはそもそも国籍を示すことばであるが、国籍法を中心とするシティズンシップ政策見直しの一環として2000年にまとめられた提言書『新世紀に向けたオーストラリアのシティズンシップ（Australian Citizenship for New Century）』では、それがオーストラリアを束ねる統合力（unifying forces）となるために、①オーストラリア社会において共有されるべき価値を追求し、かつそれが、②人種・民族的な固有性や単一文化に基づくナショナル・アイデンティティを強制する「ネイション」に代わるものであることが強調された（飯笹、2007）。

さらに政権交代後の2009年には、ハワード政権時の公約であり、2006年以降議論が重ねられたシティズンシップ・テストの実施が、第一次ラッド政権下で開始された。このテストは、国籍(シティズンシップ)の取得を希望する人が、オーストラリアについて、およびその国民としての義務と権利についての適切な知識を有しているか否かを判定することを目的に開始された。具体的には、オーストラリアに関する適切な知識や同国における民主主義と国民としての権利・義務等がその内容に含まれる。

また、シティズンシップ・テストと合わせて言及すべき事柄に、「オーストラリア的諸価値(Australian Values)」がある。2007年以降、18歳以上の成人が永住および一時滞在ビザを取得する際に必ず理解しておかなければならない項目が「オーストラリア価値表明(Australian Value Statements)」としてまとめられており、署名が義務づけられている。その内容には、オーストラリアが個人の自由を重んじる民主的社会であると同時に、それらの価値の尊重を共有することで成り立つ一国家であることの強調がうかがえる。

3. 多様性の維持・涵養の難しさ

オーストラリアでは現在、これまで見てきたように、移民の世代交代や近年の移民政策、グローバル化等の影響により、多文化国家とはいえ単一言語(英語)化の状況にある。また、1970年代以降国是としてきた多文化主義も、国民としての義務・責任の共有を前提に社会の安定・結束の必要性を主張しており、その傾向は、2000年以降のシティズンシップやオーストラリア的諸価値の追求により、「ネイション」という特定の価値を伴い、一層強化されている。

このような状況のなかで、国内の多様性と向き合い、各個人はもちろん、学校、政府、社会がそれをどのように維持・涵養できるのかは、単純かつ容易な問題ではない。1990年代後半に連邦議員として政界に登場し、アジア系移民の増加に異議を唱え多文化主義政策の廃止を求めたポーリン・ハンソンの主張は、多くの国民に受け入れられ、時のハワード保守連合政権の政策に影響を与えた。また、2008年には、シドニーやメルボルン等の大都市で、主として急増するインド系留学生を狙った暴行事件(「カレー・バッシング」)が相次ぎ、当時連邦教育大臣を務めていたギラードがインドを訪問し謝罪するとの事態も生じている。これらの要因は、いずれも一概に特定できるものではないが、国内の多様性や差異の承認をめぐる問題の複雑さを示しており、結果として皮肉にも国家としての結束力を強化する役割を担ってきた。

学校教育の中では、1980年代以降、連邦政府の主導により多文化教育プログラムが実施され、各州でもそれに続き多文化教育政策が策定される等、その重要性が主張・認識されてきた。しかし、その内容は主として移民の子どもたちに対する第二言語としての英語（ESL・EAL）とかれらの母語を含むLOTEといった「言語」教育が中心であったが、それが多「文化」教育を代表してきた感も否めない。また、1990年代後半以降、連邦政府・教育省により進められてきたシティズンシップ教育では、「歴史」が有力な媒体とされ、先住民に対するかつての不正義は解決済みの問題として語られる等、その描かれ方には疑問も付されてきた（飯笹、2007）。しかし、若者の政治離れを背景に、シティズンシップ教育はますます重要視されつつあり、2005年には全国学力調査（NAP）の一つとされ、かつナショナル・カリキュラムでも主要学習領域の一つに掲げられている（第2章参照）。

一方、留学生数の急増に対応を迫られる大学でも、かれらをどのように「統合」するかが昨今、大きな課題とされている。当初、開発援助の一環と見なされてきたオーストラリアの留学生受け入れ政策は、1980年代の経済不振を背景にその見直しが行われると、全額授業料を納める私費留学生の受け入れを積極的に進める方向へと舵を切っていった。1980年代後半に約2万人だった留学生数は、2018年には67万人を超え、教育産業は同国の主要輸出品と言われるまでに成長した。しかし、急速な教育市場の開放とそれに対する反応は、多様な背景・目的・ニーズを持った留学生の受け入れを可能にする一方で、民間機関による強引な勧誘やそれによる不法移民の流入等、様々な問題も引き起こした。連邦政府は、法体制の整備・構築に取り組むとともに、近年では、留学生の生活福祉にかかわる領域にまで支援を提供しているが、これは単にオーストラリアの大学の国際的なプレゼンスを高め、世界の教育市場における競争力の強化を目的としたものである。

2017年には、新たな多文化主義政策が発表されたが、その中では改めて多文化国家において共有すべき価値と責任が確認されるとともに、新たにオーストラリアに到着した人々の経済・社会参加の奨励と、国内の多様性を維持・涵養することによる国益の増強とが指摘されている。いまや世界各国で対応が必要とされるテロ対策の一環としても、安全・安心な国づくりのための環境整備が急務だと考えられている。

第2節　国家教育指針の変遷に見るオーストラリアの教育の特質

1. 国家指針の確立と教育成果に対する責任の共有
——ホバート宣言とアデレード宣言

オーストラリアでは、憲法(1901年制定)規定により、教育に関する事項は各州政府の責任とされている。そのため、就学開始年齢や初等・中等教育期間、カリキュラム等が州により異なるとの特色を持つ。しかしながら、1980年代後半に、連邦・各州教育大臣の合意により「国家教育指針」が策定され、国家教育目標の実現に向けて連邦・各州の連携・協働の重要性が確認されて以降は、教育政策においても国家としての枠組みが徐々にそのかたちをあらわし、現在に至るまで強化されている。

そもそも、連邦政府が各州を包括する教育制度の確立に積極的に乗り出したのは、1972年のオーストラリア学校委員会(Australian Schools Commissions)の設置を契機とする。この委員会は、1987年に連邦教育省の改編に伴い廃止されたが、古くから州間の連絡調整や情報交換を主たる任務としてきたオーストラリア教育審議会(AEC)に影響を与え、AECを連邦政府の教育政策に独自の立場から提言を行う審議会へと発展させた。AECはその後、幾度かの再編を経て、現在は、オーストラリア政府審議会(COAG)の常設委員会の一つである教育審議会(Education Council)となっているが、連邦および各州教育大臣を主たる構成員とするこの審議会が、同国の教育の枠組みを形成する上で重要な役割を果たしてきたことに変わりはない。

1989年、AECによりオーストラリアで初めての国家教育指針である「ホバート宣言」が策定された。この指針は、これまで三度にわたり改訂されているが、各宣言は、それぞれ会議の開催された場所の名を冠して呼ばれている。この最初の宣言は、学校、各州および連邦政府が、特にカリキュラムや評価基準の開発に際し助けとなるような協働のための枠組みを提供することを目的に策定された。そのためそこでは、児童生徒が身につけるべき知識・技能等が具体的に示された。また、当時の政治経済状況を背景に、1970年代以降徐々に高まりを見せてきた平等・公正という視点から、移民・先住民等、不利な立場に置かれてきた児童生徒の多様性に対する理解・尊重の念を持つべきこと、学校教育が国家の経済的・社会的な必要に応じ、かつ児童生徒の将来の雇用や生活に貢献するものであることも確認された。

この学校と社会・経済との関係性の強化は、1980年代後半から90年代前半にかけて行われた一連の教育改革の根幹を為す主張であった。当時ホーク労働党政権下で教育大臣を務めたドーキンズは、その基盤となる『オーストラリアの学校の強化：学校教育の焦点と内容の再考（Strengthening Australia's Schools: Consideration of Focus and Content of Schooling）』と題する政策のなかで、学校は社会的・経済的状況において重要かつ中心的な役割を担っていることを確認した。そして、社会・経済の変化に対応するために学校教育の質およびそこから得られる成果を高め、学校と社会・経済との関連を深めていかなければならないと主張した。この政策を契機として、すべての児童生徒が学習すべき八つの主要学習領域（KLA）が策定された。また、教員養成課程の再編を含む大規模な高等教育改革も行われた。

この流れはその後も高まりを見せ、1994年には、当時首相であったキーティングが発表した白書により一層具体的なかたちとなってあらわれた。すなわち、この白書のなかで国家の経済低迷とオーストラリアの子どもたちの低いリテラシーとの相関関係に対する疑念が示されたのを受け、1996年には、経済界からの後押しもあって、同国で初めての英語リテラシーに関する全国調査が実施されたのである。この調査の結果、実際には、オーストラリアの子どもたちの「幅広い（wide range）」リテラシーの程度が明らかになったが、それが概して「危機的な（at risk）」状況にあること、特に先住民の場合にはそれが顕著であることが繰り返し指摘され、結果として、教育成果の向上に果たす学校教育の役割が特に重視されるようになっていく。

1999年には、AECの後継である連邦雇用教育訓練青少年問題審議会（MCEETYA）により、21世紀の教育への対応を目的に、新たな国家教育指針である「アデレード宣言」が発表されたが、そこでは特に、学校教育がすべての児童生徒の能力および可能性を十全に発展させるよう努力すること、また学校教育が公正であるべきことが確認された。そのため、学校教育から得られる成果は、性別、言語、文化やエスニシティ、さらには宗教や障がいといった要因や社会・経済的背景および地理的環境に左右されるべきではないこと、教育的に不利な立場にある児童生徒の成果は改善され、時間をかけても他の児童生徒のそれに追いつくべきであることが主張された。

このアデレード宣言で確認された、すべての児童生徒の教育成果の向上は、2000年代をとおして主張され、まず、各州で教育制度・内容が異なるオーストラリアで、国家レベルで比較可能な正確なデータの収集および現状把握を目的に、リテラシー、ニューメラシーをはじめとする全国的な学力調査とその実施のための環境整備とをもたらした。具体的には、調査に必要とされる国家共通の測定基準の開発・設定と、調査の実施により浮かび上がる支援の方向性・枠組みとが準備された。

2. アカウンタビリティの強化と連邦政府の「介入」
——メルボルン宣言と全国教育合意

2008年には、MCEETYAにより、現行の国家教育指針である「メルボルン宣言」が発表された。この宣言がそれまでの二つの宣言と異なる点は、端的にその実効性にある。そもそも国家教育指針は、連邦および各州教育大臣の「合意」により策定されたとの政治的事実を基盤とするもので、法的拘束力はない。しかし、このメルボルン宣言には、これまでの連邦・各州政府の連携を新たな段階へと進めるために、今後4年間の行動計画が付された。この計画は、COAGで連邦・各州首相により調印された種々の国家協定とも連動して実施されることとされたが、それは連邦政府から州政府への財政支援を約束すると同時に、州政府の成果に対する責任を明確に求めるものであった。すなわち、このメルボルン宣言は、これまで各州政府の領域とされてきた教育の「実施」の部分にまで踏み込み、成果の達成に対する責任を強く求めた点にその特徴がある。

メルボルン宣言では、今後約10年間の国家教育目標として、以下の2点が示された（MCEETYA, 2008：7）。

目標1：オーストラリアの学校教育は、校正（equity）と卓越性（excellence）を促進する。
目標2：オーストラリアのすべての若者は
—成功した学習者となる。
—自信に満ちた創造的な個人となる。
—活動的で知識のある市民となる。

学校教育が公正と卓越性を促進することは、結果として、すべての若者に質の高い教育を提供することに繋がる。それはひいては、国家の社会的・経済的発展に貢献することになる。また、この観点から、先住民や社会経済的に不利な立場にある児童生徒の教育成果の改善には、特に重点的な支援が提供されなければならない。一方、そのような学校が具体的に育成すべき人材は、21世紀のグローバル社会を生き抜く上で必要不可欠な知識・スキル等を持ち合わせていると想定されている。具体的には、すべての学習領域で必要とされるリテラシー、ニューメラシー、ICT等のコミュニケーションに必要な基礎的スキルはもちろんのこと、応用力や創造性・革新性、他者やチームと協働する力、自らの可能性を開花させるための積極的な姿勢、グローバル・ローカルな市民としての責任に対する自覚等が含まれる（MCEETYA, 2008：8-9）。

この二つの目標を実現するために、メルボルン宣言では、連邦および各州政府が共同で取り組むべき領域として、以下の八つが掲げられた（MCEETYA, 2008：20）。

①より強固なパートナーシップの開発
②優れた教育活動と学校のリーダーシップに対する支援
③就学前教育の強化
④中学年（middle years）での成長の促進
⑤学校教育の上級学年と若者の進学（移行）支援

⑥世界水準のカリキュラムと評価の促進
⑦先住民の若者、また特に社会経済的に不利な立場にある若者の教育成果の改善
⑧アカウンタビリティと情報の透明性の強化

同宣言では、これらの各領域について、それぞれのあるべき姿・理念が示された。そして、2009～12年の4年間の行動計画では、それぞれの指針に沿って具体的な取り組みの内容が提示されている。例えば、「優れた教育活動と学校のリーダーシップに対する支援」について、行動計画では、新たな専門職スタンダード（professional standards）の開発、州ごとに異なる教員登録制度の国家レベルでの統一、高等教育機関との協働による教員養成課程の改善等が掲げられた。また、「世界水準のカリキュラムと評価の促進」では、ナショナル・カリキュラムの開発とそのカリキュラムと密接に関連した評価制度の開発を主導するオーストラリア・カリキュラム評価報告機関（ACARA）の設立が示された。

翌2009年には、COAGにより全国教育合意（NEA）が発表された。これは、その副題に示されたように、連邦政府の財政配分に関する連邦・各州政府間での合意を示すものであるが、重要かつ国家での調整を必要とする事項を審議するCOAGで、州政府が責任を持つ教育に関する事項が取り上げられた意味は大きい。NEAは、その目標（Objective）に、すべてのオーストラリアの児童生徒がグローバル経済の中にあって十全に社会および経済活動に参加するために必要な知識、スキルを身につけさせることを掲げている。社会的包摂（social inclusion）の観点から、すべての若者に質の高い教育を提供することの重要性が認識されているが、なかでも先住民・非先住民間の格差是正の必要性が主張された。

NEAではこの目標を受け、①2020年までに12年間の中等教育修了もしくは同等の資格を取得した者の割合を90%に上昇させること、②今後十年間で先住民・非先住民児童生徒の読み、書き、ニューメラシーの格差を半減させること、③2020年までに先住民・非先住民の12年間の中等教育修了もしくは同等の資格を取得した者の割合の格差を少なくとも半減させることの

3点が、到達目標(target)に掲げられた(COAG, 2009 : 5)。連邦および各州政府は、これらの目標を達成するために、学校教育の成果と財政支援との関係性を継続的に検証するとともに、先住民教育政策の整備やナショナル・カリキュラムの開発、国家的に統一された教職スタンダードの開発等に共に責任を持つことを確認した。

3.「世界水準」の学校教育を目指して—現行の教育改革

メルボルン宣言とその行動計画に示された事項に従い、オーストラリアではこれまで種々の改革が進められてきた。それらは、公正で質の高い学校教育の提供という同宣言の目標を旗印に進められてきたが、そこには、国内の教育格差の是正とともに、グローバル社会で必要とされる人材育成に資する学校教育への転換という、二つの課題への対応の必要があった。1990年代後半の英語リテラシーに関する調査を皮切りに、現在、種々の全国調査が行われているが、全国共通の基準を用いて行われる調査は、それまで暗黙に意識されてきた教育格差を明るみに出し、それを一定の基準にまで引き上げる努力を学校や保護者、児童生徒に求めてきた。また、PISAやTIMSSに代表される国際的な学力調査の推進は、世界の中でのオーストラリアの地位を相対化するとともに種々の課題を明らかにし、オーストラリア全体の教育の底上げと質的転換とを図る必要性を促している。

同国初のナショナル・カリキュラムである「オーストラリアン・カリキュラム」の開発・導入は、メルボルン宣言により進められた改革のなかで、学校教育全体への影響が大きく注目を集めた事項であろう。メルボルン宣言で「世界水準」と謳われた同カリキュラムは、従来型の教科・専門ごとの学習領域に加え、それらをまたがって必要とされる汎用的能力と領域横断的優先事項(内容)の三面で構成される(第2章参照)。2019年には、中等教育終了試験にかかわる後期中等教育段階(11・12年生)でも導入が開始され、すべての学年および学習領域でオーストラリアン・カリキュラムに沿った教育活動が展開されることになる。

また、オーストラリアン・カリキュラムの開発・導入とともに力が入れられてきたのが、教育に直接携わる教員の専門性の向上である。オーストラリアでは、州立学校の場合、各州教育省が教員の雇用とかれらの専門性の維持向上に責任を持つことから、州により教員登録・更新制度はもちろん、そのための研修の位置付けも異なる。そのため、2009年にはまず、教員およびスクールリーダーの専門性を支える枠組みを連邦レベルで準備することを目的に、オーストラリア教職・リーダーシップ機関（AITSL）を設立した。

2011年には、AITSLが各州の協力を得て、全国教職専門スタンダード（National Professional Standards for Teachers）を策定した。これは教員を新卒者から管理職まで経験・レベル別に四つに区分し、それぞれで必要とされる専門的な知識・実践・態度を示したものであるが、将来的には、教員の国家認証評価制度の導入も検討されているため、今後、このスタンダードの位置付けが注目されている。また、これに伴い各州で異なる教員養成課程の改革も進められてきた。

さらに近年、ギラード首相（当時）の要請に基づき、教育財政改革に向けた調査および各州との調整が行われた。調査を牽引した経済学者ゴンスキがまとめた報告書によれば、オーストラリアはOECD諸国のなかでも成績上位層と下位層の格差が大きく、特に社会経済的に恵まれない家庭の子どもや先住民児童生徒の低学力が著しいと言う。そのため、2018年には、政府の格差是正政策（'Closing the Gap' agenda）の一環として、適正な支援の提供を目的とした学校教育改革の遂行に、連邦および各州政府が合意し、先住民や遠隔地に居住する生徒など不利な立場・状況に置かれている児童生徒に対し一層の財政配分が行われるようになった。結果として、連邦政府からの補助金が私立学校に集中する傾向が大きく、新聞やテレビ等のメディアをはじめとして、様々な議論が展開されている。

以上のように、これまでに策定された国家教育指針は、ホバート宣言、アデレード宣言、メルボルン宣言と段階を経るに従い、すべての児童生徒に公正に質の高い教育を保障すべく、教育成果の可視化とその向上に対する各州政府・教育省の連携・協力の必要性の度合いを強めていった。その背景には、国家の社会的・経済的発展への貢献という目的もさることながら、変化の激しい時代に対応する上で必要とされる国際競争力の強化という避けがたい現実がある。そのため、グローバル化を背景に、教育に関しても、国家としての枠組みの構築が求められている。ナショナル・カリキュラムの開発・導入、全国教職専門スタンダードの導入、さらには財政改革の実施等、これまで同国では難しいと考えられてきた連邦レベルでの改革が次々と実行され具現化する中で、各州・各地域のニーズを把握し、それにどう応えていけるのかは、今後の課題だと言えるであろう。

第3節　オーストラリアの教育制度

1. 教育制度、教員養成制度の概要

オーストラリアでは、SA を除く各州で、初等学校 (primary school) は、1～6年生まで、それに続く中学校と高等学校をあわせた中等学校 (secondary school) は7～12年生までとされている。これまで、Qld および WA でも SA 同様、初等学校は7年生までとされてきたが、NAPLAN の実施やオーストラリアン・カリキュラムの導入による調整の必要から、2015年に現行のかたちへと変更された。義務教育は、ほとんどの州で6歳からとされているが、4歳半から5歳半までに、幼稚園 (kindergarten) やファウンデーションと呼ばれる就学前教育への参加が奨励されており、一般的になりつつある。

一方、義務教育の修了年齢は、2010年以降は、すべての州で10年生の終わりまでと定められ、かつ17歳になるまでは正規の教育・訓練課程もしくは労働に従事することが求められている。元来オーストラリアでは、中等教育を修了する人口の割合が他の先進諸国に比べて低く、特に1990年代以降は、その改善を目的に、リテラシーやニューメラシー等の基礎学力の向上が重視されるとともに、学校教育に職業教育訓練 (VET) の要素が積極的に取り入れられてきた (第4章参照)。

各州により教育制度・内容に違いがあるオーストラリアでは、中等教育終了資格、職業教育訓練資格をはじめ大学等高等教育の資格・学位に等価性を持たせるために、オーストラリア資格枠組み (AQF) が用いられている。AQF は、オーストラリアで提供される、もしくは認可される教育・訓練資格および学位の基準を明確化するとともに、それにより教育・訓練提供機関にその質を維持するよう促す役割を担っている。

現在、オーストラリア全体で、初等学校・中等学校およびそれらを統合した一貫校（combined schools）を合わせて、約9,400校の学校が存在する。そのうち約7割は各州政府が運営する州立学校で、残りの3割がいわゆる私立学校である（ACARA, 2018: 2-3）。私立学校には、カトリック系学校とそれ以外の独立学校が含まれるが、その割合は大きく2対1である。また、全国に39ある大学は2校を除きすべて国・州立大学である。大学とは別に、より高度な技術を学ぶための技術継続教育機関（TAFE）も用意されている。

なお、オーストラリアで教員になるためには一般的に、初等教育段階の場合、教育学部で4年間の初等学校教員養成課程を修了する必要がある。また、中等教育段階では、通常の学部で教科にかかわる専門科目を3年間学んで学位を取得した後、1年間の教員養成課程を修了しなければならない。双方ともに州立学校の教員になる場合には、教員養成課程を修了し教員資格を取得した後、各州教育省で教員登録を行う必要がある。中等教育段階の教員には、通常、英語と社会等、2教科を教えることが求められている。また、教員研修は義務とされており、資格更新のため毎年一定時数の校内・校外研修を受けなければならない。

2. 教育行政制度の概要

⑴連邦教育省と州教育省の関係

オーストラリアでは、これまで見てきたように、教育は各州政府の責任で担われるべき事項であるため、連邦政府の役割は原則として限定的である。しかしながら、連邦政府から州政府に提供される補助金の割合が、特に高等教育段階では、全体の約半分を占めることから、連邦政府の方針が教育政策全体の方向性に与える影響は少なくない。また、初等教育段階でも、国家教育指針で掲げられた教育目標の実現に向けて、より効果的・効率的な財政配分の必要性が連邦政府により主張されており、オーストラリアン・カリキュラムや全国教職専門スタンダード等、統一的な枠組みの開発・導入が進められている。

連邦政府で、教育に関する政策・プログラムをつかさどる省庁は、1980年代後半のドーキンズ改革以後、改編を繰り返してきた。それらは主として教育・訓練と雇用もしくは科学技術との関係性のどこに力点を置くかにより為されてきたものである。近年では、「教育」単独で省庁が編成されることが多いようであるが、教育省の所轄範囲を見ていくと、「教育」の中身自体が、国際教育や就学前教育を含むものへと拡大していると考えられる。

⑵教育に関する全国組織

教育に関する責任を各州が持つオーストラリアで、国家として共有すべき優先事項の決定や取り組みの承認を行う組織・場が、種々の政府間協議会(inter-governmental forum)である。特にメルボルン宣言で教育成果の向上に対し各州政府・教育省が取り組むべき事項が具体的に明示されて以降は、各州の連携・協力を促進し、その成果を監視する政府間協議会の役割が、特に重視されている。

オーストラリア政府審議会(COAG)は、それらの協議会の頂点に位置する。首相、州首相およびオーストラリア地方政府協会(ALGA)の代表により構成されるCOAGでは、外交や経済、環境問題、さらには先住民に関する事項等、連邦政府の管轄下にある、その時々の優先事項に関する議論・審議が為される。州政府の責任とされる教育に関する事項がこれまでCOAGで扱われることはほとんどなかったが、先に言及した2009年の全国教育合意を契機として、状況に大きな変更が見られた。

2010年には、それまでAECとして発足し、その後、何度か改編を経たものの、三度にわたり国家教育指針を策定し、連邦・州政府間で教育政策・プログラムの調整を図ってきた教育担当大臣会議が、学校・就学前教育に関する常設審議会(SCSEEC)としてCOAGに組み込まれた。SCSEECは、さらにその後2013年に教育審議会(Education Council)へと再編されている。教育審議会は、COAGが国家的優先とみなす教育事項について、各州の調整を図り、目標実現のために協働する役割を担っている。なお、教育審議会を支える組織として、各州の教育上級職をメンバーとする団体があり、教育政策の立案に向けての助言等を行なっている。

⑶ ACARAとAITSL、ESA

メルボルン宣言および全国教育合意で掲げられたナショナル・カリキュラムの開発を実現に導く上で大きな役割を担ったのが、ACARAの前身であるナショナル・カリキュラム委員会（NCB）である。オーストラリアではこれまでにも数度、ナショナル・カリキュラムの導入が試みられたものの、憲法規定とそれに基づくこれまでの慣習により州の独立性・自律性が高く、それらが実際に効力を持つには至らなかった。今回、そのナショナル・カリキュラムの開発・導入が実現した背景には、それに責任を持つ連邦レベルの組織が確立された影響が大きい。

NCBの流れを引き継ぎ創設されたACARAは、連邦組織ではあるものの、その理事会の構成員に各州教育大臣が指名する者を含める等、各州との協働体制を重視している。一方、その財政基盤の多くは、連邦政府に頼っている。ACARAの主たる業務は、①就学前（Foundation）から12年生までのナショナル・カリキュラムの開発、②ナショナル・カリキュラムに沿った国家評価プログラム（NAPLAN等）の実施、③全国規模の評価データの収集とその報告であり、教育と評価の一体化が図られている（第2章参照）。

また、ACARA同様に、教員およびスクールリーダーの専門性を支える枠組みを連邦レベルで準備することを目的に、2009年に設立されたのが、オーストラリア教職・スクールリーダーシップ機関（AITSL）である。AITSLは、既存組織の改編により誕生した機関であるが、主として教員およびスクールリーダーのための各スタンダードの開発、これらの指標に基づく教員の国家認証評価制度の導入、良質な教員研修の開発と運用に責任を持つ。

州立学校の場合、各州政府・教育省が教員の雇用および専門性の維持・向上に責任を持つため、これまで州により教員の登録・更新制度はもちろん、そのための研修の位置付けにも違いがあった。Qldのように、他州に先駆け教職スタンダードを定め、教員の専門性および資質能力の向上に役立てているところもあるが、全国的には一般的とは言えなかった。そのため、AITSLには、先の任務を遂行する上で必要とされる各州教育省等との協働のための調整も期待されてきた。また、AITSLの議長は、ACARAの副議長（Deputy Chair）も務めていることからうかがえるように、これらの教員の資質能力の向上が、カリキュラムの開発と連動して進められているのも特長である。

さらに、このようなカリキュラムおよび教員にかかわる改革を、その環境整備という点で支えているのが、エデュケーション・サービス・オーストラリア(ESA)である。ESAは、連邦・州政府出資機関であるカリキュラム・コーポレーションとエデュケーション・ドット・エーユー(education.au)を引き継ぐかたちで2010年に創設されたが、前者はこれまで連邦政府の教育プログラムの推進に必要とされる教材開発を主な任務としてきた。組織改編により、ICTの一層の活用を目的に、教育サービスの提供を行うこととなった。

⑷州教育省と教育審議会、その他教員関係組織

子ども・若者の教育に実質的に責任を持つ各州で、国家教育指針や連邦政府の方向性に基づき、地域の実情に即した政策・プログラムを開発・実施する役割を担うのが、州教育省である。連邦政府同様、各州によって省庁改編によりその時々で少しずつ名称は異なるが、近年では、Vicをのぞいて各州ともに教育省(Department of Education)で統一されている。各州教育省ともに中央オフィスは各州都に置かれているが、通常、地区ごとに地方教育事務所等が設置されており、教員研修の実施はもちろんのこと、校長や教員が日々直面する課題にも対応できる体制が敷かれている。

各州には、州教育省とは別に、カリキュラムおよび資格認証に責任を持つ州政府機関として、カリキュラム・評価機関(これまではBoard、現在はAuthorityの名で呼ばれるもの)が存在する。これらの機関は、具体的には州のカリキュラム・フレームワークの開発・設定のほか、NAPLANをはじめとする全国的な学力テスト、州独自のテスト、さらには学校教育外の機関が提供する職業教育訓練(VET)の認定等、教育の質保証・維持にかかわる部分を担当する。そのため、州教育省が州立学校のみを対象とするのに対し、これらの機関はカトリック系および独立系といった私立学校にも支援・サービスを提供している。

また、教員の登録・研修については、先にも言及したように、州教育省をはじめとする教員の雇用主にその責任があるが、それらの質を管理する役割を担う州政府組織は、別に設置されている。例えば、Qldでは、クイーンズランド州教員協会(QCT)がそれに該当する。QCTは、主として教員登録の

更新に必要とされる研修の内容を確認・監督し、教員の資質能力の維持向上を図ることを任務としているが、その運営は、主に教員の登録料によりまかなわれている。

⑸学校審議会

最後に、オーストラリアの学校教育の特徴の一つとして、学校および校長の権限の大きさについて触れておきたい。こう述べると、これまで整理してきた政策展開および近年の方向性と矛盾すると思われるかもしれない。しかし、特に全国的な学力調査の推進とその結果の公表、およびそれによる支援対象者の明確化は、学校や校長、さらには教員の専門性に一層目をむける機会を提供し、AITSL の設立にうかがえるように、具体的な動きをもたらしている。

特に、スクールリーダーとしての校長には、さまざまな権限・責任が付与されている (補論参照)。各学校のカリキュラムをはじめ、課外活動等の開発・策定と運用に責任を持つのはもちろんのこと、教員の研修を許可し、かつ監督するのも校長の役目である。また、州により違いが見られるが、例えばニューサウスウェールズ州では、校長が児童生徒の停学・退学に関する決定に責任を持つことも、州の法律で規定されている。

また、州によって位置付けや権限は異なるが、学校の自律性を担保する上で重要な役割を担っている組織として、学校審議会 (School Council) がある。学校審議会は、校長および教員、保護者および児童生徒の代表等により構成される、学校の意思決定機関である。特に学校審議会の歴史が古い Vic ではその役割や権限が大きく、人事や財務運営等、学校経営方針の議決権をも有している。

さらに、近年の動向として注目すべき事柄に、2009 年に WA で導入され、その後 Qld にも拡がったインディペンデント・パブリック・スクール (IPS) が挙げられる。他の州立学校と同様に、IPS にも国や州が掲げる教育目標の達成やそのための政策・プログラムの実施は求められるものの、IPS には教員人事をはじめより一層の自律性が担保されており、校長は、コミュニティとともに学校運営のあり方を決めていかなければならない。従来のやり方に縛られない、教育成果改善のための方策が提示されることが期待される一方、優秀な教員の囲い込みに繋がっているとの批判もある。

以上のように、オーストラリアでは現在、憲法規定上は州政府が教育に関する権限を有しているものの、教育格差の是正と教育のグローバル化への対応から、連邦レベルの組織が主導する連携・調整が、これまでにない速度で図られ、強化されている。近年では、教育成果の改善に焦点が当てられ改革が急がれる一方、その対応に奔走せざるを得ない教員の脱モラル化（demoralisation）が問題となっている。元来、各州および学校の独立性・自立性が高く、校長や教員の専門性が重視される同国で、今後、この変化が学校の役割や権限さらには運営にどのような影響を与えていくのかも、あわせて注目していく必要があるだろう。

【参考文献】

- 青木麻衣子（2008）『オーストラリアの言語教育政策―多文化主義における「多様性」と「統一性」の揺らぎと共存』東信堂.
- 青木麻衣子（2012）「オーストラリアの留学生受け入れ・支援における政府と大学の役割」『留学生交流・指導研究』Vol.14、pp.63-74.
- 浅川晃広（2006）『オーストラリア移民政策論』中央公論事業出版.
- 飯笹佐代子（2007）『オーストラリアから読み解くシティズンシップと多文化国家』日本経済評論社.
- 石附実・笹森健編（2001）『オーストラリア・ニュージーランドの教育』東信堂.
- 佐藤博志（2009）『オーストラリア学校経営改革の研究―自律的学校経営とアカウンタビリティ』東信堂.
- 佐藤博志編著（2011）『オーストラリアの教育改革―21世紀教育立国への挑戦』学文社.
- Australian Bureau of Statistics（ABS）（2017）, *Census of Population and Housing: Australia revealed 2016*.
- Australian Curriculum, Assessment and Reporting Authority（ACARA）（2012）, *National Report on Schooling in Australia 2010*.
- ACARA（2018）, *National Report on Schooling 2016*.
- Council of Australian Governments（COAG）（2009）, *National Education Agreement*.
- Australian Government（2017）, *Multicultural Australia, United, Strong, Successful, Australia's multicultural statement*.

・ COAG (2018), *National School Reform Agreement.*
・ Gonski, D. (Chair), Review Panel (2018), *Report of the Review to Achieve Educational Excellence in Australian Schools*, Commonwealth of Australia.
・ Ministerial Council on Education, Employment, Training and Youth Affairs (MCEETYA) (2008), *Melbourne Declaration on Educational Goals for Young Australians.*

第2章 オーストラリア

カリキュラムと教育評価

竹川 慎哉　木村 裕

イノベーションが進む教室。文化的多様性を維持しつつも電子黒板などが積極的に取り入れられている。

第1節　カリキュラムと教育評価をめぐる動向と分析視角

学校教育において何を教え、どのような学力を形成していくかという問題は、教育学的関心だけでなく、その社会の政治、文化、歴史などが複雑に絡み合う問題である。こうした観点から見るとき、現在のオーストラリアの学校教育では、どのような能力観を背景にし、いかなるプロセスの中でカリキュラムが編成されているのだろうか。

本章第2節では、まず現代オーストラリアにおける学校教育のカリキュラムがどのようなプロセスの中で具体化されているのか、その仕組みの過去と現在を整理する。オーストラリアではカリキュラム機関(curriculum authority)と呼ばれる組織が学校教育の教科内容を決めてきたが、ナショナル・カリキュラム導入以後は、このシステムに変容が見られる。その背景にある政治経済構造は、ナショナル・カリキュラムの内容にも現れている。この問題について、市民科を取り上げ指摘する。

ところで、学校教育のカリキュラムについて考える際には、何を教え、どのような学力を形成していくのかという問題に加えて、設定された学力が獲得されたかどうかをどのように把握し、個々の児童生徒の学習のサポートやカリキュラムの改善に生かしていくのかも重要な課題となる。児童生徒の学力やそれを取り巻く諸要因の実態を正確に把握することができなければ、必要に応じたサポートを行うことができず、学力保障に向けた取り組みが不十分になってしまう危険性があるためである。

これらの課題にオーストラリアがどのように向き合っているのかを明らかにするために、第3節ではまず、「全国学習到達度調査(NAP)」の概要を整理する。続いて、NAPで行われる学力調査のうち、毎年実施されている「リテラシーとニューメラシーの全国学習到達度評価プログラム(NAPLAN)」に焦点をあてて、学力調査の実施手順や調査結果のフィードバックの方法を示す。以上をふまえて、最後に、「学力調査が対象とする学力の範囲」「学力保障の実現に向けた方策」「調査結果の公表方法」の3点に注目して、オーストラリアの取り組みに見られる特徴と今後の検討課題を示す。

本章が扱おうとするこれらの問題は、オーストラリアにおいて、特に2008

年のメルボルン宣言以降に大きな転換を遂げてきた。オーストラリアには学校教育のカリキュラムと教育評価をめぐってどのような転換や取り組みが見られるのであろうか。本章では、過去と現在の基本情報を整理しながら、その様相の一端を示したい。

（第１節　竹川・木村）

第２節　学校教育のカリキュラムのこれまでとこれから

1. ナショナル・カリキュラム実施以前の教育内容決定の仕組み

1900年に制定されたオーストラリア憲法第51条では、連邦政府と州政府の権限配分が規定されており、初等・中等教育については州政府の権限に属するものとされてきた。したがって、教科の設定およびその内容は州政府ごとに異なってきた。しかし他方では、このような制度があるが故に、国家として共通に教えるべき知識は何かという議論もなされてきた。こうした議論は、連邦政府と各州政府の代表から構成される全国規模の審議会においてなされ、各州政府への教育政策提言として発表されてきた。

各州では、それらの提言を全く無視することはできなかったが、あくまで教育課程政策については、それらを踏まえて各州政府によって決定されるものとされていた。特に州としての教育課程の決定を担ってきたのは、州政府の外部組織であるカリキュラム機関である。

このカリキュラム機関の名称は、州によって異なる。2018年現在では、クイーンズランド州カリキュラム・評価機関（Queensland Curriculum Assessment Authority）、ニューサウスウェールズ州教育スタンダード機関（NSW Education Standards Authority）、ビクトリア州カリキュラム評価機関（Victorian Curriculum and Assessment Authority）などとなっている。いずれも各州の法定機関（statutory body）として設置されている。

statutory bodyあるいはstatutory authorityと表現されるこれらの機関は、英連邦下の国に特徴的な組織であり、「authority」という名前が付けられていることが多いことからもわかるように、一定の決定権限を付与されている機関である。つまり、カリキュラム機関の存在は、教育内容というきわめて政治的・

文化的な利害が絡む決定事項について、権力関係の均衡・教育内容への不当な介入からの自律性を担保するという意味がある。

Qldの場合、ナショナル・カリキュラム実施以前、2014年までは「クイーンズランド州学習機関(QSA)」という名称であった。「教育法(クイーンズランド州学習局)2002」において、役割の範囲(シラバス策定、評価、教師の職能開発等：8条)、州政府とQSAとの関係(教育内容への州政府の不介入など：22, 23条)、メンバー構成(25条)が定められていた(State of Queensland, 2002)。QSAには州教育省の政策に従う義務が定められ、政府に諮問された事項に対する調査報告の提出義務が課されているが、政府は各教科の教育内容に関しては介入してはならないと同法で規定されていた。また、委員会のメンバー構成についても、州立学校、カトリック系学校、独立学校という設置主体の異なる学校が存在する状況を反映し、各団体の代表者から構成されることが明記されていた。こうしたメンバー構成の規定は、政府の教育課程政策に近い立場の人だけが選ばれることに歯止めをかけるものであり、学校で教える内容に特定の政治的・文化的立場のみが反映されないようにする仕組みなのである。保革二大政党が政権を担当するオーストラリアにおいては、政権が変わるたびに政党のイデオロギーが教育内容に反映されることを避ける必要があり、このような仕組みが不可欠だったのである。

2. ナショナル・カリキュラムの誕生

⑴カリキュラム・ガバナンスの変化

2008年のメルボルン宣言(第1章参照)によってナショナル・カリキュラムの導入が決定され、上述したシステムは変化してきている。それは、単に全国統一のカリキュラムが成立したという問題にとどまらず、カリキュラムのガバナンスの変化をもたらした。

ナショナル・カリキュラムを策定する動きは、1980年代末頃からたびたび議論には挙がるものの、州の権限を重視する保守政党の抵抗の中で実現することはなかった。こうした状況を変えるのがハワード保守政権(1996-2007年)である。ハワード政権は、カリキュラムのスリム化、ナショナル・アイデンティティの強化を主張し、特に英語科カリキュラムの変更(文法、綴り指導の重点化)、歴史科のナショナル・カリキュラム導入を図ろうとしていた(Snyder, 2008)。

ハワード政権によるナショナル・カリキュラムは実現しなかったが、次に政権に就いたラッド労働党政権(第一次 2007-2010 年、第二次 2013 年)は、公約通りその策定に動き出す。ラッド政権下のナショナル・カリキュラムの基本路線を示したのが、「メルボルン宣言」である。そこでは、グローバル社会の実現に向けた世界水準のカリキュラムと評価を促進することが提起された。保革の政治的イデオロギーの違いがありながらも、ナショナル・カリキュラム実現において二大政党が共通する姿勢を示している背景について、藤川隆男は、グローバリゼーションの進展が国民統合のアイデンティティ強化政策において保守勢力と労働党との政治的妥協を導いたと分析している(藤川、2015)。

ナショナル・カリキュラムの策定作業は、2008 年に設置されたナショナル・カリキュラム委員会(NCB)が担うこととなった。その後、ACARA に改称している。

就学前から第 10 学年(F-10)のナショナル・カリキュラムでは、九つの学習領域が設定され、それらを 21 の教科として具体化している。2010 年に第 1 ステージとして英語、数学、科学、歴史のカリキュラムが発行され、その他の教科についても順次発行されている。その実施スケジュールは、各州に委ねられており、各州のカリキュラム機関は、各教科のナショナル・カリキュラム発行を受けて順次実施している。

オーストラリアにおいて、以上のようなナショナル・カリキュラムの成立と展開は何を意味するのか。それは、政策レベルの教育課程を誰がどのように決定できるのか、というカリキュラムのガバナンスの変化である。先述したように、ナショナル・カリキュラム成立以前は、各州のカリキュラム機関が全国規模の教育政策提言を踏まえながら自律的に教科およびその内容を設定していた。そして、それは「シラバス」という大綱的な基準として学校に示された。ナショナル「カリキュラム」という表現は、「シラバス」と「カリキュラム」を使い分けてきたオーストラリアにおいては重要な意味を持つ。それは、連邦レベルがどのような教科設定で何を教えるか(カリキュラム)を決定し、州政府と学校にその実施を求める構造に変わったことを意味している。それは、教育内容の国家統制という側面を持つ。先述したQSAは、ナショナル・カリキュラムの導入を受け、2014年に組織名称を「クイーンズランド州カリキュラム・評価機関」に変更しているが、その規定法において、州シラバスの作成が役割の項目からなくなった(State of Queensland, 2014)。中央政府が教育内容を決定し、地方政府はその実施プロセスを担うシステムへと変化しつつあることが読み取れる。

⑵ナショナル・カリキュラムの内容と課題─市民科を例に─

カリキュラム・ガバナンスの変化によって、連邦政府の政策路線が直接的に学校カリキュラムに影響力を与えるシステムに変わりつつある。ここでは、ナショナル・カリキュラムがどのような原理によって構成されているのかを市民科を例に概観した後、その内容に現れている政治性の問題を指摘する。

ナショナル・カリキュラムは、学習領域(learning area)、汎用的能力(general capabilities)、領域横断的優先事項(cross-curricular priorities、以下、優先事項)(**表1-2-1**)の三つの軸で構成されている。汎用的能力と優先事項は、教科とは別立ての領域ではなく、各教科の内容を通して学ぶことになる。各教科の記述には、原理的説明(rationale)、目標、各学年の内容(キーとなる問い、概要的内容と詳細な内容)、学年ごとの達成基準が示されている。教科内容の記述には、個々の内容ごとにそれが汎用的能力や優先事項のどれに該当するのかが示されている。

表1-2-1に挙げられた項目を見ると、汎用的能力は、OECDの提起するキー・コンピテンシー（ライチェン・サルガニク、2006）やATC21sの提起する「21世紀型スキル」(グリフィン,マクゴー,ケア、2014)に類似しており、経済のグロー

表1-2-1　ナショナル・カリキュラムに示された能力と優先事項

汎用的能力	リテラシー、ニューメラシー、ICT技能、批判的・創造的思考、倫理的理解、異文化間理解、個人的・社会的能力
横断的優先事項	アボリジニとトーレス海峡島嶼民の歴史・文化、アジアおよびオーストラリアのアジアとの関わり、持続可能性

出典：ACARAのウェブサイト https://www.australiancurriculum.edu.au (2019.11.11 確認）より筆者が整理して作成

バル化が進むなかで重要視されている諸能力を意識したものとなっている。他方、優先事項には、オーストラリアの国内的な重要課題が挙げられている。教科内容とマクロなレベルの社会的要請をつないでいるのが、汎用的能力であり優先事項という構造になっている。

次に、市民科の目標や内容構成を検討しながら、この教科が設置された背景や目指す市民性とその政治性を指摘したい。ナショナル・カリキュラムにおいて市民科の設置を強く方向付けたのは、メルボルン宣言において、「成功する学習者」「自信に満ちた創造的な個人」「活動的で知識ある市民」の育成が目標として掲げられたことである。この宣言において、「活動的で知識ある市民」とは、以下のような性格を持つ存在であるとしている（MCEETYA, 2008, p. 8）。

- モラルと倫理的誠実さを持って行動する
- オーストラリアの社会的、言語的、宗教的多様性を認識し、オーストラリアの政府組織、歴史、文化を理解している
- 先住民族の文化の価値を理解し、認めている、さらに先住民と非先住民との和解に貢献し、またそこから集団的な幸福を引き出す知識とスキルと理解を持っている
- 民主主義や公正、正義の国家的価値に貢献し、オーストラリアの市民生活に参加する
- 多様な文化、特にアジア諸国とアジアの文化に関与し、文化を超えたコミュニケーションを図ることができる
- 自然環境や社会環境を維持し、改善するという共通善のために働く
- 責任のあるグローバルでローカルな市民である

これらが市民科の目標や内容にどのように反映しているか見ていきたい。市民科カリキュラムの冒頭には、「原理的説明」として次のような記述がある。

> 市民科の本質は、オーストラリアの民主主義に参加し、それを支える活動的で知識ある市民になることを促すことにある。市民科を通して、

生徒は政治的・法的システムを調査し、現代社会における市民性、多様性とアイデンティティの性質について探究する。

この規定にあるように、市民科は、民主主義を学び、実現する主体の形成を意図して設置されている。この規定を根拠に市民科では大きく二つの目標が設定されている。一つは、オーストラリアの政治制度を理解することである。もう一つは、オーストラリア社会に生きる人々の多様性を理解することである。

これら二つの目標を達成するため、市民科の教科内容は二つの柱から構成されている(**表1-2-2**)。一つは、「市民的知識と理解」であり、これは「政府と民主主義」、「法と市民」、「市民性、多様性、アイデンティティ」の三つの領域で構成される。もう一つは、「市民的スキル」であり、「問いを立て、リサーチする」「分析、総合、解釈」「問題解決と意思決定」「コミュニケーションと省察」の四つが挙げられている。この構成に沿って各学年の内容が記述されている。そして、各々の内容には、それがどの汎用的能力や優先事項に対応するものかが示されている。

教科内容と優先事項との関係で見ると、知識内容において、「市民性、多様性、アイデンティティ」の内容を中心に先住民は取り上げられる一方、移民やその文化の多様性については直接的に触れてある部分がほとんどない。移民の文化的多様性を中心とする多文化教育を推進してきたオーストラリアの教育からは大きく後退していると言ってよい。それは、優先事項に先住民族の歴史・文化の問題は挙げられているが、移民やその文化的多様性の問題としては挙げられていないことと関係している。

教科内容と汎用的能力との関係で見ると、市民科には他の教科と比べてかなり多くの汎用的能力の形成が強調されている。リテラシー、批判的思考、個人的・社会的能力、倫理的理解の項目がほとんどの内容に位置づけられている。

タッドボールとヘンダーソン(Tudball and Henderson, 2014)は、メルボルン宣言とそれを受けて成立した市民科ナショナル・カリキュラムが政治と経済の国家的利害を中心においていると指摘しているが、以上のように市民科の

表 1-2-2　市民科内容の構成

<table>
<tr><td rowspan="3">市民的知識と理解</td><td>政府と民主主義</td><td>オーストラリアの民主主義、人々がオーストラリアの統治システムにおいて果たす役割、プロセス、主要な機関について学ぶ</td></tr>
<tr><td>法と市民</td><td>オーストラリア市民の法的権利と義務、法の制定など法システムについて学ぶ</td></tr>
<tr><td>市民性、多様性、アイデンティティ</td><td>オーストラリア市民としての共有された価値について学ぶ。ユダヤ - キリスト教の伝統、多文化、多信仰社会としてのオーストラリアの多様性、何がアイデンティティを形成しているか</td></tr>
<tr><td rowspan="4">市民的スキル</td><td>問いを立て、リサーチする</td><td>自らが生活する社会について問いを投げかける。オーストラリアの政治的・法的システムを探究するため幅広い情報元を確認し、調査する</td></tr>
<tr><td>分析、総合、解釈</td><td>批判的思考を適用し、別の視点を説明する</td></tr>
<tr><td>問題解決と意思決定</td><td>協働で活動し、課題を解決するために方略を練り、実行への計画を立てる</td></tr>
<tr><td>コミュニケーションと省察</td><td>教科固有の言語を使用しながら市民に関連するトピックや論点についての根拠に基づいた考えや視点、議論を提示する。生徒自らの文化的アイデンティティ、同期、価値づけや行動を振り返る。</td></tr>
</table>

出典：Australian Curriculum のウェブサイト掲載の「市民科」カリキュラム（https://www.australiancurriculum.edu.au/f-10-curriculum/humanities-and-social-sciences/civics-and-citizenship/, 2019.11.11 確認）より筆者作成。

教科内容における優先事項と汎用的能力の力点の置き方にそれは現れている。すなわち、先住民族との和解政策の影響が見られるものの、それは文化やアイデンティティの問題にとどめ置かれ、社会構築／再構築への参加という視点にはなっておらず、グローバリゼーションへの対応とそのなかでの国民統合という課題が市民科の教科内容を強く規定していると見ることができる。このように見ると、オーストラリアにおけるナショナル・カリキュラム成立の意味は、全国共通の教育内容によって学校教育の質と平等を保障するということだけでなく、現在のオーストラリアの政治・経済構造の再編の一端を担わされていると言えるだろう。

（第２節　竹川）

第3節　学力調査に見る教育評価をめぐる取り組み

1. オーストラリアにおける学力調査の概要

2008年のメルボルン宣言に基づく教育改革では、ナショナル・カリキュラムの作成、全国学力調査の開発と実施、データ収集および児童生徒の学習の改善につながるかたちでの報告などの重要性が指摘され、これらの実現に向けた取り組みが進められてきた。学習・教育活動の改善のためのデータ収集を目的とした取り組みとして位置づけられている学力調査は、NCBによって2008年に開始され、2009年5月以降、ACARAに引き継がれている。

オーストラリアで初めて実施された全国規模の学力調査は、1996年のリテラシーに関するものであった。その後、1997年にはニューメラシーについて、2003年以降には段階的に、科学的リテラシー、シティズンシップ、ICT（情報通信技術）リテラシーについての調査も実施されるようになった。メルボルン宣言に基づく教育改革では、こうした学力調査の取り組みが改めて重要な柱に据えられたと言える。

表1-2-3　NAPに含まれる学力調査の概要

<table>
<tr><th colspan="2">調査の種類</th><th>領域</th><th>対象者</th><th>実施サイクル</th></tr>
<tr><td rowspan="5">国内調査</td><td rowspan="2">NAPLAN</td><td>リテラシー</td><td rowspan="2">第3・5・7・9学年
（悉皆調査）</td><td rowspan="2">毎年</td></tr>
<tr><td>ニューメラシー</td></tr>
<tr><td rowspan="3">NAP
抽出調査</td><td>科学的リテラシー</td><td>第6学年（抽出調査）</td><td rowspan="3">3年ごと</td></tr>
<tr><td>シティズンシップ
（civics and citizenship）</td><td rowspan="2">第6・10学年
（抽出調査）</td></tr>
<tr><td>ICTリテラシー</td></tr>
<tr><td rowspan="6">国際調査</td><td rowspan="3">PISA</td><td>読解力（reading literacy）</td><td rowspan="3">15歳児
（抽出調査）</td><td rowspan="3">3年ごと</td></tr>
<tr><td>数学的リテラシー</td></tr>
<tr><td>科学的リテラシー</td></tr>
<tr><td rowspan="2">TIMSS</td><td>算数・数学（mathematics）</td><td rowspan="2">第4・8学年
（抽出調査）</td><td rowspan="2">4年ごと</td></tr>
<tr><td>科学</td></tr>
<tr><td>PIRLS</td><td>読解力（reading literacy）</td><td>第4学年（抽出調査）</td><td>5年ごと</td></tr>
</table>

＊ PISA：the Programme for International Student Assessment
＊ PIRLS：the Progress in International Reading Literacy Study
＊ TIMSS：the Trends in International Mathematics and Science Study
表は、http://www.nap.edu.au/naplan や http://www.nap.edu.au/nap-sample-assessments（ともに2018年12月25日確認）などをもとに筆者が作成。

オーストラリアで実施されている一連の学力調査は現在、全国学習到達度調査(NAP)としてまとめられている(**表 1-2-3**)。表 1-2-3 に示したように、国内調査である NAPLAN と NAP 抽出調査では「リテラシー」「ニューメラシー」「科学的リテラシー」「シティズンシップ」「ICT リテラシー」の 5 領域が調査対象とされた。また、国際調査についてオーストラリアは、PISA、TIMSS、PIRLS に参加しており、「読解力」「数学的リテラシー／算数・数学」「科学的リテラシー／科学」に関して、児童生徒の実態把握がねらわれている。

一部の例外はあるものの、リテラシーとニューメラシーの全国学習到達度評価プログラム(NAPLAN)には、原則として、公立・私立を問わずすべての学校の当該学年の児童生徒の参加が期待されている[1]。これは、リテラシーとニューメラシーが学習に不可欠の基礎であり、児童生徒一人ひとりの進捗状況を把握してその後の学習の改善に活かすことが重要であるとの考えに基づいているためである。一方、NAPLAN 以外の調査については、児童生徒の実態の全体的な傾向を把握するために、抽出調査によって行われる。

2. NAPLAN の実施手順と調査結果のフィードバックの方法

NAPLAN は、ACARA の管理の下、リテラシーとニューメラシーの専門家、教員、連邦政府と各州の教育政策実施機関、連邦政府、私立学校部門(non-government education sectors)などによって共同で開発されるものであり、2008 年に初めて実施された。それ以降、全国の第 3・5・7・9 学年の児童生徒全員を対象に、全国共通の問題を用いて毎年 5 月に実施されている。

NAPLAN の調査内容は、リーディング、ライティング、言語事項(language conventions：スペリング、文法、句読法)、およびニューメラシーからなる。NAPLAN はその導入以来、マークシートによる多肢選択式のものと短答記述式のものから成っていたが、2018 年以降には、NAPLAN オンラインとよばれるオンラインのものへの移行が進められている。NAPLAN オンラインとはコンピュータを用いて調査問題に取り組むものであり、「テイラード・テスト(tailored test)」と呼ばれる形式の調査を活用することで、後述のように、従来のペーパーテスト形式のものよりも詳細に児童生徒の学力の実態を把握することがねらわれている。

児童生徒の達成度は、すべての学年にまたがって設定された統一の尺度である「ナショナル・アセスメント・スケール（national assessment scale）」によって示される。ナショナル・アセスメント・スケールは学力のレベルを示す「バンド（Band）」によって10段階に分けられており、各学年においてすべての児童生徒が到達すべき最低ライン（National Minimum Standards）もこのバンドによって示されている（**図 1-2-1**）。各学年でこの「最低ライン」を下回っていれば基準を満たしておらず、上回っていれば満足のいく成果を収めていると判断される。出題される問題は毎年異なるが、調査年度や学年にかかわらず、同一バンドは常に同じレベルを示すように調整されている。そのため、異なる年度に受けた複数の調査の結果を用いることで、児童生徒一人ひとりや学校全体の成果の経年比較ができる。

児童生徒一人ひとりに関する調査結果は、統一のフォーマットを用いた報告書によって本人と保護者にフィードバックされるほか、各学校へは自校の結果がフィードバックされる。フォーマットでは児童生徒一人ひとりについて、調査内容ごとに、その児童生徒の結果や全国平均値、全国の同学年の児童生徒のうちで成績が中程度の児童生徒60％が到達している成績の範囲な

バンド	第3学年	第5学年	第7学年	第9学年
10				
9				
8				
7				
6				
5				
4				
3				
2				
1				

※網掛け部分が各学年で求められる最低ラインを示す

図 1-2-1　各学年で求められる最低ラインと想定されている範囲

図は、ACARA(2017)：p.v をもとに筆者が作成。

どが示されるほか、報告書の読み方や各バンドに到達するために求められるスキルの内容の説明なども記載される。

さらに、調査結果の全体的な傾向の説明や分析結果は、要約情報（summary information、9 月に発行）と全国報告書（national report）、私の学校ウェブサイト（My School website）、NAP のウェブサイトなどを通して広く国民にも公表される。これらは、アカウンタビリティのための取り組みの一環である。

3. 教育評価をめぐる取り組みの特徴と検討課題

続いて、オーストラリアの教育評価をめぐる取り組みの特徴と今後の検討課題として、本項では以下の 3 点を指摘したい。

1 点目は、学力調査が対象とする学力の範囲についてである。前節でも示されたように、メルボルン宣言ではすべての学習領域を通して身につけるべき能力として、リテラシーやニューメラシーに関する知識・技能・理解に加えて異文化間理解や個人的・社会的能力などから成る汎用的能力が設定された。しかし、NAP に含まれる各学力調査は表 1-2-3 に示した内容について行われており、汎用的能力のすべてを調査対象としているわけではない。したがって、NAP に含まれる学力調査では把握できない学力があるという限界を理解したうえで、そうした学力をどのような場面でどのように把握するのか、そしてそれをどのようなかたちで教育制度や日々の教育実践の改善に生かしていくのかを検討する必要があるだろう。

この点に関して、たとえば、生徒に口述課題や調査課題、他者と協力して取り組む必要のある課題などを評価課題として設定したり、評価指標であるパフォーマンス・スタンダード（Performance Standards）を示したりすることによって、独力で取り組むペーパーテストだけでは測定が難しい学力の到達度の把握もめざしている南オーストラリア州教育修了資格（SACE）に関わる取り組みは一つの示唆を与えている[2]。こうした取り組みを進めることによって、NAP に含まれる学力調査の範囲にとどまることなく、学校教育全体を通して獲得させるべき学力の程度を把握し、その後の学習・教育活動の改善に生かすという教育評価の機能を働かせることが可能になるだろう。

2 点目は、学力保障の実現に向けた方策についてである。先述のように、NAPLANについては児童生徒一人ひとりの状況を統一のフォーマットでフィードバックするとともに、経年比較が可能な方法で調査が行われていた。そのため、児童生徒、保護者、教員は、特定の学年集団における個々の児童生徒の相対的な位置を確認することや全国平均と比べた達成状況を把握することに加えて、一人ひとりの成長の様子や弱点を長期に渡って把握することが可能になる。これは児童生徒一人ひとりの到達度と課題の明確化につながるため、その後の学習・教育活動のあり方を考えるにあたり、重要な情報を提供するものとなるだろう。また、先述のように、現在導入を進めているNAPLANオンラインではテイラード・テストの方式を採用している。テイラード・テストでは、まず全員が問題群(testlet)Aの問題に取り組む。そしてその結果に応じてコンピュータが、問題群Aよりも難易度の高い問題群Dか難易度の低い問題群Bのいずれの問題を出題するかを判断する(**図1-2-2**)。この手法を採り入れることによって個々の受検者の理解度にあわせて調査問題を調整しながら進めることが可能になる。こうして、より詳細かつ正確に個々の児童生徒の到達度を把握することがねらわれているのである。

さらに、調査結果が芳しくない学校や、社会的・経済的に不利な立場に置かれている児童生徒に対して重点的な財政的支援を行うという制度設計がなされている点も重要な特徴である。すなわち、リテラシーとニューメラシー

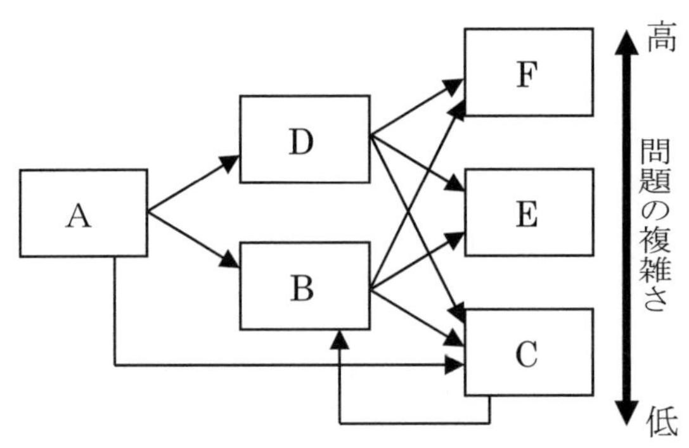

図1-2-2　テイラード・テストのイメージ

図 は、http://www.nap.edu.au/oneline-assessment/research-and-development/tailored-tests(2018年12月25日確認)をもとに筆者が作成。

に関して一定の水準に達していない児童生徒には特別な指導を受けるための補助金が給付されるなど、調査が学校間や州・直轄区間のランクづけに終始することのない制度が整えられている（伊井、2007）。政策・制度面に関して言えば、学力の全体的な底上げが意図され、その実現に向けた制度設計がなされているのである[3]。

3点目は、調査結果の公表方法についてである。前項において、調査結果の全体的な傾向の説明や分析結果の公表方法の一つに、「私の学校ウェブサイト」があることを述べた。これは2010年に開設されたものであり、学校ごとの児童生徒数や構成、教員数、財政状況、NAPLANの結果などを検索したり、他校との比較を行ったりすることができる。

私の学校ウェブサイトでは、学校教育に関わる取り組みの実態と成果に関するアカウンタビリティを果たすことと、公開された情報に基づく学校選択を可能にすることで児童生徒一人ひとりに少しでも質の高い学校教育を提供することが意図されている。ただしこれは、学力調査の成績という単一の尺度によって学校を序列化し、学力調査への対策競争に拍車をかける危険性も持っている。NAPは現在のところ、オーストラリアのすべての学校現場に対して必ずしも大きな影響を与えているわけではないが、リーグテーブルの作成や学校選択における不適切な利用への懸念、ボイコット運動なども見られることが報告されている（川口・山田、2012）。これらは、現在の調査結果の公表方法が学校教育の場における実践に悪影響を与えることへの危惧の表れであると言えよう。

扱うべき教育内容と評価基準を明確化するとともに、学力調査によって個々の児童生徒の学習実態を長期に渡って把握し、その後の学習・教育活動の改善につなげていくという取り組みは、学校教育を受けるすべての児童生徒の学力保障を実現するという点で重要な意義を持っている。しかし、学力調査での成績向上が強調され過度な競争が起こると、調査対象とならない教育内容が軽視されたり、教育実践が学力調査対策のものへと矮小化されたりすることも懸念される。近年の教育改革の中で重視されている統一の基準に基づく基礎学力の保障と、オーストラリアが伝統的に重視してきた学校や児童生徒の特性に応じた教育内容や教育方法の多様性の保障との関連づけ方と実践への位置づけ方、また、そのための調査結果の利用方法について、今後さらに検討を進めていく必要があるだろう。

（第3節　木村）

【註】

1　ただし、非英語圏のバックグラウンドを持つ児童生徒でオーストラリアに来てから調査までの期間が一年未満の場合や、重度の障害を持つ場合、NAPLAN は免除される（ACARA（2017）：vii）。

2　その詳細については、たとえば、木村裕（2016）「オーストラリアの教育改革における教育評価の取り組み」田中耕治編著『グローバル化時代の教育評価改革－日本・アジア・欧米を結ぶ』日本標準、pp.40-51 を参照されたい。

3　ただし、たとえばNAPLAN の 2017 年度調査のリーディングの全国平均について見てみると、「最低ライン」を下回っている児童生徒の割合は、第 3 学年では 15.7％（非先住民は 2.3％）、第 5 学年では 21.6％（非先住民は 3.1％）、第 7 学年では 22.6％（非先住民は 3.1％）、第 9 学年では 26.4％（非先住民は 5.2％）となっている（ACARA（2017）：4, 68, 132, 196）。このように、学力格差の是正に向けた挑戦は続いている状況であると言える。

【引用・参考文献】

- 伊井義人（2007）「オーストラリアにおける学力向上政策」日本教育制度学会『教育制度学研究』第 14 号、pp.212-216.
- 伊井義人編著（2015）『多様性を活かす教育を考える七つのヒントーオーストラリア・カナダ・イギリス・シンガポールの教育事例から』共同文化社.
- 川口俊明・山田哲也（2012）「テスト政策は教育の公正性・卓越性に何をもたらすのかーオーストラリア版・全国学力テスト（NAPLAN）のインパクト」志水宏吉他編著『学力政策の比較社会学【国際編】―PISA は各国に何をもたらしたか』明石書店、pp.184-206.
- グリフィン，P.・マクゴー，B.・ケア，E.編（三宅なほみ監訳、益川弘如・望月俊男編訳）（2014）『21 世紀型スキル―学びと評価の新たなかたち』北大路書房.
- 藤川隆男（2015）「オーストラリアにおける歴史教育の統一的・全国的カリキュラムの導入：歴史戦争を終えて」、大阪大学西洋史学会『パブリック・ヒストリー』12、pp.15-28.
- ライチェン，D.S.・サルガニク，L. H.（立田慶裕監訳）（2006）『キー・コンピテンシー―国際標準の学力をめざして―』明石書店.
- ACARA（2017）, *2017 National Assessment Program – Literacy and Numeracy Achievement in Reading, Writing, Language Conventions and Numeracy: National Report for 2017*（http://www.nap.edu.au/docs/default-source/default-document-library/naplan-national-report-2017_final_04dec2017.pdf：

2018.12.25 確認）

・ MCEETYA.（2008）. *Melbourne Declaration on Educational Goals for Young Australians.*（http://www.curriculum.edu.au/verve/_resources/National_Declaration_on_the_Educational_Goals_for_Young_Australians.pdf）（2016.9.23 確認）

・ Snyder, I.（2008）. *The Literacy Wars: Why Teaching Children to Read and Write is a Battleground in Australia*, Allen & Unwin.

・ State of Queensland（2002）. *Education（Queensland Study of Authority）Act 2002*（https://www.legislation.qld.gov.au/LEGISLTN/ACTS/2002/02AC001.pdf）（2016.9.23 閲覧）。

・ State of Queensland.（2014）. *Education（Queensland Curriculum and Assessment Authority）Act 2014*（https://www.legislation.qld.gov.au/LEGISLTN/ACTS/2014/14AC003.pdf）（2016.9.23 閲覧）。

・ Tudball, L. and Henderson, D. J.（2014）. Contested notion of civics and citizenship education as national education in the Australian curriculum. *Curriculum and Teaching*, 29（2）, pp. 5-24.

第3章 **オーストラリア**

学校教育における多文化・多言語教育とマイノリティ

伊井　義人

カラフルな外壁が特徴のトレス海峡島嶼地域マビアグ島の小学校。

第1節　多文化の観点から見た様々な立場

オーストラリアは多文化国家である。そして、その影響下にある学校教育の特色の一つが、すべての生徒が多文化状況を理解し、尊重することを目標とした教育政策・実践といえる。では、制度的な視点から見て、学校教育は同国の多文化状況を尊重しているのだろうか。そのような現実を明らかにするには、教育制度において、オーストラリアの「主流」社会の価値観が、移民や先住民をどのように捉えているのかを把握するのが近道となる。例えば、全国学力調査（NAPLAN）の分析の際の両者の位置づけである。同国ではNAPLANの実施当初から、先住民と移民（非英語母語話者）生徒の学力を毎年継続的に公表している。つまり、多文化国家オーストラリアの学校教育では、移民と先住民が「特別な配慮」を必要とする存在として一貫して位置づけられているのである。

一方、学校教育における移民と先住民の立ち位置には、共通点と相違点がある。共通点とは既述のとおり、両者とも教育制度における配慮の対象であること、相違点とは学力の成果にある。特に後者は、社会的課題として捉えられる。つまり、非英語母語話者（移民）はほぼ平均的な学力結果を残しているが、先住民の学力は低迷しているという課題である。本章では、これらの点に着目し、近年のオーストラリアの学校教育における多文化状況の動向を追う。

そのために、第一に言語教育や先住民教育を中心として学校教育における多文化教育の歴史および現状を考察する。これにより、教育制度における多文化の捉え方の変遷を明らかにしたい。第二に移民・先住民に着目して、同国の学校教育の現状を分析する。そこから、同国の多文化状況への配慮の実際を明らかにする。また、学校教育における移民・先住民の児童生徒たちの教育成果を考察することにより、同国の多文化状況の現実に迫っていきたい。

なお、本章で扱う多文化状況とは、学校において言語的・文化的に多様な背景を有する生徒が共に学んでいる現実とともに、そのような状態が学校教育全体に及ぼす影響を意味する。また、多文化教育には様々な定義が成り立ち得るが、ここでは児童生徒の広範囲な言語・文化的背景に対して意図的な配慮をなす教育としたい。そのため、多文化教育は「異」文化的背景を有する児童生徒だけではなく、オーストラリアの学校に在籍するすべての子どもたちを対象とした教育と言えるが、本章では前者を主に扱う。

多文化教育は、以上のような背景からも、オーストラリアの学校教育の特色ではあるが、同時に学校教育の中で傍流に位置づけられていることがわかる。このような多文化教育に見られる現実は、主流の教育政策から眺めなければ分かりにくい。本章では、そのような状況を分析しつつ、オーストラリアにおける多文化教育の特色を明らかにする。

第２節　多文化教育のこれまでの動向

1．言語教育

移民・先住民が多く居住する国家にもかかわらず、オーストラリアにおける国語（national language）は英語のみである。これは、先住民の言語であるマオリ語を英語とともに公用語（official language）としている隣国ニュージーランドとは異なる。そのような背景と呼応して、学校教育における教育言語も英語となる。これはたとえ非英語母語話者である先住民や移民の子どもが多く在籍する学校でも、英語を使用して教授することを意味する。

もちろん、国外からオーストラリアに到着した直後の子どもや、国内出身でかつ非英語母語家庭出身の子ども（例えば、先住民）に対しては、追加言語・方言として英語（EAL/D）支援が提供される。NSW の場合、これまでも第二言語としての英語（ESL）を専門とした教員が必要に応じて学校には配置されてきた。本格的な学校生活が始まる前に、集中的な支援を専門教員から受けることも可能である。その成果は、保護者は年２回 ESL 教員を通して、子どもの状況を評価した通知表によって知ることができる。

また、歴代の国家教育指針では、外国語を教えることの必要性も指摘されており、主要な学習領域の一つとして「英語以外の言語（LOTE）」が重視されてきた。メルボルン宣言（2008 年）やオーストラリアン・カリキュラムでは、LOTE に代わり「言語（languages）」という名称で学習領域の一つに位置づけられ、将来のオーストラリアの経済発展への貢献を見越した上で、特にアジア言語の教育に関心が向けられている。

少し前のデータ（2003年）にはなるが、同国では学校全体の約半数の生徒が「英語以外の言語」学習を履修している（MCEETYA, 2005：4）。そして、全国の学校で103言語が教授され、この中には68ものオーストラリア先住民言語が含まれていた。NSWの初等教育シラバスを見ると17言語が提供されている。しかし、同州では英語以外の言語の授業は初等教育では必修ではなく、授業に配分される時間は学校ごとに異なる。

また、正規の学校ではなく放課後や土曜日に開催されているエスニック／コミュニティ・スクールでも69言語が教授されている。この中でも日本語・イタリア語・インドネシア語・フランス語・ドイツ語・中国語が履修者の多い言語であり、この学校に就学している90％以上の生徒がこれらの言語を学習している。

さらに、1980年代には同国では先住民教育の代名詞であったバイリンガル学校が、2010年からNSWで4校（韓国語・日本語・インドネシア語・中国語）設置されている[1]。これらの学校での教育言語としてアジア言語が選ばれた理由は、国家教育指針と同様であり、将来、同州の経済的・社会的な財産になることが想定されている。2020年には、12年生（日本の高校3年生）を修了する生徒の12％がアジア言語を流暢に使えることが目標とされている。

これらのバイリンガル学校では、最低でも一日の学校教育活動の30～60分はアジア言語を用いて授業をしている。ただし、これは最低限の基準であり、例えばNSWの日本語のバイリンガル学校では、週300時間もの日本語指導がなされている。ここでの主な教育対象は、当該アジア言語の母語話者ではない。そのため、これらの教育活動を維持するために、全教員に対する校内外の研修はもちろん、ICT教育の推進、地元のアジア・コミュニティとの連携が重視されている。

2018年現在では、幼稚園～6年生の全学年でバイリンガル授業が進められている。しかし、現在の計画では初等学校でこのプログラムは終了するため、中等学校に進学後、アジア言語の教育をいかに維持するかが課題である。筆者が教育省のバイリンガル学校担当者にインタビューした際には、州政府の政権与党の交代により、アジア言語の学校教育における位置づけも変化する可能性を示唆していた。つまり基礎学力領域とは異なり、政治的な要因がバイリンガル学校政策には大きな影響を及ぼすと学校関係者も認識しているのである。

バイリンガル学校とは別に、母語の維持を目的にコミュニティ言語(community language)を授業の一領域として実践している学校もある。幼稚園〜6年生までは、NSW内の公立の150校で、30言語を学ぶことができる。最も多くの学校で提供されている言語は中国語で55校、次にアラビア語で51校、ベトナム語の40校が続いている。日本語は1校にすぎない。また、コミュニティ言語の授業は、最低週2時間のため、他の学習領域と比較しても多くの時間が割かれているわけではない。

7年生以降の母語維持を担っているのが、土曜校(Saturday school)である。これらの学校は、NSW内ではシドニー近郊を中心に16箇所に設置されており、18言語のコースを提供している[2]。ここでも、中国語・アラビア語・ベトナム語のコースが多く設置されている。学年ごとに授業時間は異なり7〜10年生は2時間、11・12年生は3時間、12年生の特別クラスは4時間であり、それぞれ午前8時半から始まる。12年生は、中等教育修了資格の取得に母語を利用する生徒もおり、学習時間が多い。

以上のように、オーストラリアでは、初等中等教育段階で多様な言語教育が提供されている。しかし、どの言語を教授すべきか、そして、そもそも外国語教育を重視すべきか否かの判断は、その時々の政治・経済的な状況に左右されている。現状では、政府が重視する経済優先的な言語と移民が母語維持のために求めている言語との相違がある。政府側は韓国語・日本語・インドネシア語・中国語を強調している。一方でNSWの場合、母語維持のためにコースが多く開設されているのは、上記の言語では中国語のみであり、日本語教育コースは一箇所に設置されているに過ぎない。母語維持としてのニーズがあるアラビア語やベトナム語は、将来的な経済発展のための投資対象とは現在のところ政府から認識されていないのである。この状況を、どのように捉え、言語教育を推進していくかは、教育提供者側のさらなる課題であろう。

2. カリキュラムにおける先住民・多文化的視点

ここでは、多文化的側面からシティズンシップ教育(civics and citizenship education)について紹介する。オーストラリアのシティズンシップ教育は、連邦政府主導により1999年の「デモクラシーの発見(Discovering Democracy)」プログラムから始まった。それ以降、同国のシティズンシップ教育には多様な役割や定義が求められてきた。しかし、ここでは「将来的にオーストラリア社会で知識を十分に有した、活動的(active)な市民となるための教育」という定義(Curriculum Corporation, 2006)と多文化状況の関係を軸として論を進める。

シティズンシップ教育を考察することは、同国において、活動的市民が持つべき多文化に関する知識を、公教育がどのように捉えているかを考える上でも興味深い。もちろん、シティズンシップ教育ではオーストラリアの民主的な社会システムを前提とした市民の育成が目的とされる。そのため、先住民や多文化に関する項目が「過度」に重視されてはいない。しかし、「アボリジナル・トレス海峡島嶼民の経験や蓄積(heritage)、またかれらのオーストラリア社会やアイデンティティへの影響を正当に理解すること」「多文化社会としてのオーストラリアの独自性や多様性、同国の民主的社会内での文化間理解の支援への関与を正当に理解すること」が、シティズンシップ教育の目標には含まれている。

シティズンシップ教育において、多文化的な社会状況に関わる学年ごとの教育内容は**表1-3-1**のとおりである。現在、オーストラリアン・カリキュラムのシティズンシップ教育は「人文・社会科学」の一領域となっている。シティズンシップ教育に対して、以前から指摘されていたのは、同国の歴史的側面が重視されすぎているということである(飯笹、2007：130-131)。しかし、現在では民主主義を基盤としながら、社会のあり方や活動的市民を育成するための問いかけが多くなされているといえる。

また、オーストラリアン・カリキュラムでは、特定の学習領域だけではなく、カリキュラム横断的な視点として「アボリジナルとトレス海峡島嶼民の歴史と文化」と「アジアとオーストラリアとの関係」を、各学習領域に盛り込む必要性が示されている[3]。

英語領域での両者の視点を一例として提示する。先住民の歴史と文化の視

表 1-3-1　シティズンシップ教育の学年別教育内容

学年	多文化を意識した問いかけ
3 年生	多様な人々やグループがどのような出来事を祝い、記念しているのでしょうか。そして、これらの人たちは、私たちのコミュニティについて何を語っているでしょうか。
4 年生	過去・現在の人々の生活に法律はどのような影響を及ぼしたでしょうか。 ヨーロッパ系移民が地元の環境や先住民の土地、水資源の運営に長期的・短期的にどのよう影響を及ぼしたのでしょうか。
5 年生	過去や現在の個人やグループは、オーストラリアの発展にどのように貢献してきたのでしょうか。 人々は、自らの価値観や、自らのコミュニティ、他の人々そして場所、過去や現在についての見方をどのように形作ってきたのでしょうか。
6 年生	時間や空間を経て、グループ間でデモクラシーやシティズンシップはどのように経験されてきたのでしょうか。 オーストラリアは社会として、グローバルな繋がりを持ちつつどのように発展してきたのでしょうか。そして、グローバル市民としての自分の役割はどのようなものでしょうか。
7 年生	オーストラリアはどのような多様な社会をもっているのでしょうか。そして、どのような要素がまとまりのある社会に寄与しているのでしょうか。
8 年生	ナショナル・アイデンティティに対する多様な考え方にはどのようなものがあるでしょうか。
9 年生	オーストラリアの政治制度の運営を形成するには、何が影響しているでしょうか。 相互に関係している世界に、市民はどのように参加するのでしょうか。
10 年生	グローバルな文脈から、オーストラリアの民主主義はどのように定義・方向づけられているでしょうか。

出所：ACARA, Australian Curriculum ウェブサイトを参考に筆者が編集（2019 年 1 月 30 日アクセス確認）。

点では、口頭伝承を含めた先住民文学を学ぶ機会、そしてアボリジナル英語やヤンプラトック（Yamplatok：トレス海峡島嶼民の言語と英語のクレオール）など、英語の多様性を認識する機会の必要性が述べられている。また、アジアの視点からは、アジア系オーストラリア人による文章やアジア言語の英語やオーストラリア文化への影響を理解する機会を持つことが望まれている。このように現在、カリキュラムには、同国における英語や文化の多様性に子どもたちが気づくための内容が含まれている。

シティズンシップ教育の成果は、直近では、2016 年に実施された全国学習到達度調査（NAP）にうかがえる。そこでは、特に先住民家庭出身の子どもの成果到達度が全国平均よりも低かったと報告されている（ACARA, 2016）。シティズンシップ教育についても国家共通指標が設定され、そこに格差が存在する。オーストラリア社会で、活動的市民を育成することがシティズンシップ教育の目的ならば、その格差は基礎学力よりも問題視されなければならないだろう。

3. 先住民教育

オーストラリアの先住民教育は、紆余曲折を経て、今なお試行錯誤している状況にある。多くの場合、先住民教育は「多文化教育」には含まれず、別のカテゴリーに位置づけられてきた。つまり、先住民は移民とは異なる存在として同国では認識されているのである。

かつて州ごとに策定されていた先住民教育政策に、連邦政府の補助金が加わったのは、1960年代後半である。開始当初は、高等教育機関への先住民生徒の就学促進を目的とした奨学金が主たる支援内容であった。それが次第に中等教育まで奨学金の範疇に含まれ、支援範囲が拡大した。

1970年代になると、先住民が先住民教育政策を自ら策定する「場」が設定される。 連邦・州・地方段階で、先住民代表が政策策定に直接関与する委員会が多く設置された。まさに、参加型民主主義が先住民教育において実現した時代であった。しかし、興味深いことに80年代はほぼ一貫して労働党が連邦政府の政権を担っていたが、同じ党の下にもかかわらず前期と後期では全く異なった政策が実施された。つまり、参加民主主義を実現していたのが前半であり、後半は連邦主導の成果主義へと変化していったのである。

1990年代に入ると、先住民教育政策は、連邦政府主導が一層進み、全国規模の共通目標が設定された。そこでは引き続き、政策決定への先住民自身の参加も目標に設定されていたが、優先順位は次第に教育成果の向上に移行していった。加えて、90年代中盤以降、リテラシーに関する全国調査も実施され、学力面から見た先住民生徒の低迷状況が明らかとなった。つまり、連邦政府による直接的な補助金対象となっていた先住民教育が成果を残していない状況が明らかとなったのである。

このような背景もあり、2000年以降、連邦政府は教育成果の数値目標を厳格化する。これにより、補助金を伴う先住民教育プログラムは充実したものの、これまで成果が厳格には要求されず「聖域」として扱われてきた先住民教育への政府の対応が変化した。連邦政府と州教育省が、補助金の使用前に契約関係を結び、明確な数値目標を設定し、その達成を義務付けるシステムも一時期構築された。履行はされなかったものの、数値目標が未達成の場合、補助金を減額するなどの契約も記載されていた。このような補助金契約の厳格化にもかかわらず、先住民教育の成果は、今なお急速には向上せずにいる。

そのような中、パートナーシップ概念が先住民教育にも浸透している。これは、以前の参加概念を継承したものである。しかし、政策策定やその実施を教育機関と先住民コミュニティが協働で執り行うだけではなく、その結果に対する責任も共有する点に、この概念の特色がある。これは先住民教育において、初めて明確に先住民自らの説明責任が求められたことを意味している。

このような流れを経て、2010年以降の先住民教育が実施されているが、現在、先住民に関わる公共事業においては、以下の六つの格差是正目標が連邦政府と各州政府の間で設定されている（MCEEDYA, 2010：3）。

①世代の平均寿命の格差を近づける
② 10年以内に5歳以下の先住民乳幼児の死亡率の格差を半減する
③ 2013年までに、遠隔地のコミュニティに居住するすべての先住民の4歳児が、早期教育にアクセスすることを保証する
④ 2018年までに、子ども達のリテラシー、ニューメラシー技能の格差を半減する
⑤ 2020年までに、先住民生徒の12年生（相当）の修了率の格差を半減する
⑥ 2018年までに、先住民・非先住民間の雇用成果の格差を半減する

六つの目標の中で半数が「教育」（③、④、⑤）に関連している。先住民の生活向上のためには教育がいかに重視されているかが理解できる。しかし、格差是正目標は「半減」という抽象的で達成の根拠が不明瞭な設定が目立つ。

一方、早期教育から後期中等教育まで、段階的に目標を設定する点は、理に適っている。リテラシー・ニューメラシーなどの基礎学力に関して、目標達成年限であった2018年には、格差を半減という目標は達成できていない。他の目標についても同様に、その達成は道半ばと表現せざるを得ない。

これらの目標を実現するために、全国的な先住民教育に関する戦略（National Aboriginal and Torres Strait Islander Education Strategy）が2015年に策定・実施されている。ここでは、「リーダーシップ、優れた教授法と職能開発」「文化とアイデンティティ」「パートナーシップ」「出席」「後期中等教育後の進路」「学校と子どものレディネス」「リテラシーとニューメラシー」という各領域で目標が設定され、それぞれ全国・州・地域の三つの段階でその達成のための計画が練られている。各州は、この全国目標に基づき、さらに具体的な目標やプログラムを開発している。

例えば、Qld州は遠隔地域に居住する先住民が多く、そのようなコミュニティに赴任する教員には特別手当や研修を講じている。また、インターネットやデジタル教材を有効活用し、より効果的な教授法を普及させていく目標も立てている。また、格差是正という目標を達成するために、先住民生徒への個別対応を重視した学習計画（personalized learning）も実施されている。これは、先住民生徒個人に対応したきめ細かい教育目標を設定すると同時に、そのプロセスに父母を関与させ、家庭の教育力の向上をも目指したプログラムである。

さらに学力向上への直接的な施策だけではなく、「先住民教育アンバサダー・プログラム」も実施されている。これは、社会的に成功した先住民が、学校などを訪れ、講演会を開催するものである。このプログラムには、40名の先住民がアンバサダーとして登録されている（2013年現在）。その職業もミュージシャン、医師、アナウンサー、作家、公務員、大工など多岐にわたる。先住民の生徒たちは、これらの講演会に参加することで、アンバサダーを自らのロールモデルと認識し、学びに対するモチベーションを高めることが期待されている。また、このプログラムは、非先住民生徒への教育効果も期待されている。2018年には、「先住民学力優秀者ネットワーク」の構築も試行され、中等教育に在学する先住民生徒の中から学力優秀な生徒が選抜され、かれらの相互交流が促進されている。

また、同州北部地域では、25年以上前から、地域コミュニティを基盤とした先住民教員養成プログラムも実施され、その卒業生の中には、学校長など地域のリーダーとして活躍する者も出てきている。これまでは初等中等学校の教員養成を目的としてきたが、2018年からは就学前教育に従事する教員の養成も試行されている。

以上のように、先住民教育では、学力面での格差是正が最優先事項であり、この目標自体は批判しようがない。また、教育提供者としてのみならず、受給者としての先住民の意見も取り入れ、その結果に対する責任を共有するというパートナーシップ概念も、両者の「対等」な関係性を構築するには避けては通れない。しかし、いずれにせよ、根底にある数値目標およびそれらを達成するプロセスに多様性がなければ、先住民の同意を広く得るのは難しい状況にあるといえる。

第３節　学校教育における多文化状況の実際

これまで、学校や教育政策による「多文化状況」への配慮を紹介してきた。本節では、配慮のための教育プログラムではなく、通常の教育活動に対する、多様な背景が及ぼす影響を考察したい。具体的には、移民と先住民が主流の教育システムの中で、どのような位置づけにあるのかを考える。

1. NAPLANによる結果

ここでは、NAPLANでの非英語母語話者と先住民生徒の教育成果に注目する。非英語母語話者には移民だけではなく、数は少ないが英語を母語としない先住民生徒も含まれている。両者は、言語の面から見ると多文化背景を有するが、全国規模の共通指標に基づき、基礎学力の面から学習成果が評価されている[4]。

2017年NAPLANでは、各学年（3・5・7・9年生）のそれぞれ到達すべき最低学力基準が、領域（リーディング・ライティング・スペリング・言語事項・ニューメラシー）ごとに設定されている（ACARA, 2017）。その学力水準に到達する割合は、非英語母語話者・先住民生徒とともに全国平均を下回っている。しかし、詳細に分析すると、両者の傾向は異なる。

例えば、3年生のスペリング領域での、最低学力基準への到達割合は全国平均が93.4%、先住民生徒が77.2%、非英語母語話者生徒が93.4%であった。ここでは、先住民は平均到達度を大幅に下回っている（16.2ポイント差）が、非英語母語話者は全国平均と同じ値である。このような格差は特定の学年および領域のみに見られる傾向ではない。全国平均と先住民生徒との学力格差は明確である一方で、非英語母語話者生徒の成果はほぼ同等なのである。例えば、非英語母語話者の生徒は9年生のライティング領域では全国平均を上回ってさえいる。つまり、先住民生徒と非英語母語話者の生徒は全く対照的な成果を残しているのである。

このように非英語母語話者は、全般的な傾向としては全国平均をわずかに下回っているが、ほとんどの学年・領域で学力上位層の構成比が高い。例えば、9年生の「言語事項」領域の学力層の割合を示したものが下**図1-3-1**である。この領域は、先住民と非英語母語話者の全国平均との格差は、それぞれ-26.0と-2.3ポイントである。9年生は、バンド6が最低学力基準である。そのため、バンド5以下は基準に達していない「低学力者」、バンド7以上は基準を上回る「高学力者」となる。その観点からすると、先住民生徒は低学力者の割合が高い。一方で、全国平均と非英語母語話者のバンドごとの割合の

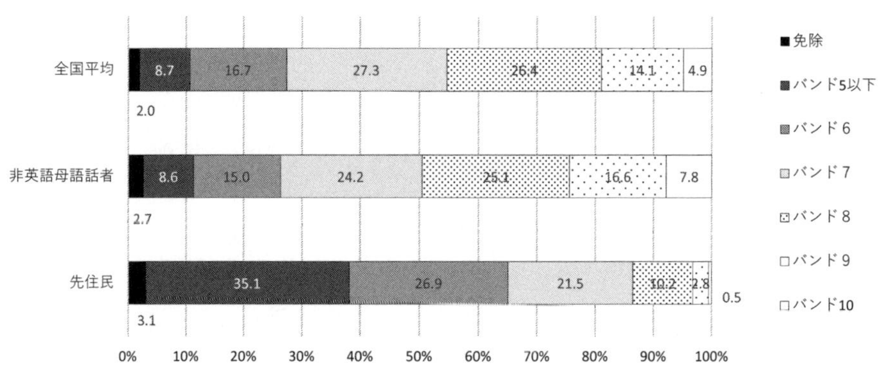

図1-3-1　全国学力調査（NAPLAN）の結果（9年生の言語事項）

傾向はほぼ同じである。しかし、非英語母語話者の方が全国平均よりもバンド9とバンド10の割合は高い。つまり、高学力者の割合が非先住民生徒は高いのである。このような傾向が、次に扱う「才能教育」において、非英語母語話者の割合が高いこととも関連してくる。

2. 才能教育クラスにおける多文化状況

ここでは、オーストラリアにおける才能教育の先進地域の一つであるNSWに焦点を当てて、選抜制高校や才能教育クラス（opportunity class）での非英語母語家庭出身の生徒の割合を見る。同州にはシドニー近郊を中心に、学力によって選抜された7年生以降の子ども達が通う高校が17校設置されている。その全体的傾向を見ると、2007年～2011年には入学許可者の5～6割程度が非英語母語家庭出身の生徒であった。高等学校の中には、その割合が8割以上を占めている学校もあった（NSW DEC, 2011）。この学校は、同州の選抜制高校の中でも最も評価が高い学校である。

また、初等学校の5～6年生を対象とする才能教育クラスでも、非英語母語家庭出身の子どもは、2007年～2010年で4～5割を占めていた（NSW DEC, 2010）。NSWにおける全生徒に非英語母語話者生徒が占める割合は公立学校で約3割（2008年）である（NSW DET, 2008：4）。これらのデータを比較すると、非英語母語話者の家庭は教育に高い関心を持ち、子どもたちの学力をより高いレベルにまで引き上げる機会を与える努力を保護者・子どもの双方がしていることがわかる。その結果、才能教育面から非英語母語家庭は成果を残しているのである。

全体でも3割、選抜制のクラスや学校では5割以上の子どもが非英語母語家庭出身者であるという背景から、学力テストや才能教育にはじまり宗教教育、いじめ、日焼け防止の情報など保護者にとって必要な学校教育に関わる事柄が、日本語を含む46言語で、州教育省のウェブサイトで公開されている。また、英語を話せない保護者に対しては、電話を通した通訳サービスも実施されている。

非英語母語家庭出身の生徒の割合が、選抜制コース・学校で高い一方で、先住民が才能教育の機会を享受する割合を示すデータはない。しかし、先住民生徒が多く在籍する学校では、学力向上の可能性がある生徒に対して、才能教育クラスに枠を設けて、就学する機会を与える取り組みも実践されている。しかし、クラスを途中で辞退するなど、成果を残すには至っていない(NSW DET, 2006：4)。ここでも非英語母語家庭の子どもと先住民生徒の違いが見受けられる。

非英語母語家庭の子どもと先住民には個別の対策が不可欠である。文化的には互いに多様な背景を持っているにもかかわらず、両者の教育成果には格差がある。つまり、学力に対する「考え方」が異なることが明白なのである。その背景の違いを今一度、私たちは考慮する必要があろう。

第４節　学校における多文化状況・多文化教育は、オーストラリアの教育に何をもたらしてきたのか？

ここまで述べてきたように、オーストラリアでは多文化状況を意識・配慮した学校教育が実践されている。事実、他国と比べても同国の言語教育シラバスは充実している。一方で政策上では、アジア言語を中心として、多様な外国語の教育が国の経済的発展に寄与することが期待されている。しかし、その期待を将来的に実現できるのかには疑問が残る。その点で、政策が掲げる理想と現実の乖離も見られる。

加えて、リテラシーなど基礎学力を測る全国的な指標に多文化的な背景への配慮は見られない。つまり、現在のオーストラリアの学校教育では、最終的に文化的背景の多様さを「排除」した共通指標で学力は測定されているのである。

ただし、非英語母語家庭出身の生徒は、一般生徒と同等、もしくはそれ以上の学力成果を残している。実際、NSWにおける才能教育では、かれらは人口構成比を大幅に上回る割合で、存在感を示していた。その点で、非英語母語話者生徒は、多文化状況に対する配慮の不十分さを乗り越え、オーストラリアで生活していく上での共通指標を受け入れ、柔軟に対応していると言える。才能教育の領域では、英語母語話者は数の上では少数派となり、「異」文化に直面する機会も多いであろう。

一方で、先住民生徒の学力は、一貫して低迷している。1960年代後半以降、多文化教育とは別枠で、財政的支援を含め先住民教育に対しては様々な配慮がなされてきた。しかし、その格差是正に関する成果は芳しくはない。

このように文化的多様性を配慮するにしても、移民や先住民など対象が異なれば、それぞれの背景を考慮した上で、教育プログラムに取り組む必要性があることが、これまでの議論でも明らかである。同一国家内での様々な背景の子どもたちが協働で学校および社会で活動をするための基盤づくりがシティズンシップ教育の目的である。しかし現実には、その成果は統一的な指標で図られ、結果として、そこにも格差が認められている。学校教育が、個別システムではなく、国家的なシステムである以上、多様性と統一性の折り合いをオーストラリアは模索し続けなければならないであろう。

【註】

1　ニューサウスウェールズ州・バイリンガル学校ホームページ：https://education.nsw.gov.au/teaching-and-learning/curriculum/key-learning-areas/languages/additional-programs（2019.11.12 アクセス確認）

2　18言語とは、アラビア語・アルメニア語、ベンガル語、ボスニア語、中国語、クロアチア語、オランダ語、フィリピン語、ヒンディ語、ハンガリー語、イタリア語、日本語、クメール語、コリア語、マケドニア語、マルタ語、現代ギリシア語、ペルシア語である。

3　オーストラリアン・カリキュラム・ホームページ（http://www.australiancurriculum.edu.au）を参照。（2019.11.12 アクセス確認）

4　なお、オーストラリアに来てから１年以内の非英語母語話者の生徒は、NAPLANの受験が免除されている。

【参考文献】

・飯笹佐代子（2007）『オーストラリアから読み解くシティズンシップと多文化国家』日本経済評論社.

・ACARA（2016）, *National Assessment Program- Civics and Citizenship Year 6 & 10 Report*, 2016.

・ACARA（2017）, *National Assessment Program- Literacy and Numeracy: Achievement in Reading, Persuasive Writing, Language Conventions and Numeracy: National report for 2012*.

・Curriculum Corporation（2006）, *Statement of learning for Civics and Citizenship*.

・Ministerial Council for Education, Early Childhood Development and Youth Affairs

（MCEECDYA）（2010）, Aboriginal and Torres Strait Islander Education Action Plan 2010-2014.

・ MCEETYA（2005）, *National Statement for Languages Education in Australian Schools.*
・ New South Wales Department of Education and Training（NSW DET）（2006）, *Gifted and Talented Case Study: Alexandria Park Community School*, p.4.
・ NSW DET（2008）, Ethnic Affairs Priority Statement: Report 2008.

第4章 オーストラリア

労働市場と第三段階教育

杉本 和弘　竹腰 千絵　我妻 鉄也

メルボルン大学のパークヴィル・キャンパス（Old Arts Building）。

第1節　オーストラリア社会が描く21世紀像

革命・戦争とその後の経済発展に彩られた20世紀が過ぎ、21世紀の幕が開けて約20年。急速に変化を遂げつつある今世紀の社会をいかなるものとして描くのか。その学問的作業は未来の歴史家の手に委ねられることになろうが、他方で各社会はすでにその存続と繁栄をかけて自らの未来図を描き始めている。

本章ではまず、オーストラリアが描く21世紀の自画像から話を始めよう。同国の高等教育及び職業教育は近年大きく改革が進行しているが、それを駆動するのは地球規模で生じつつある本質的な社会変化である。少なくとも21世紀前半のオーストラリアを規定すると予想されるのは、グローバル化と知識社会への移行であり、成長センターとしてのアジア諸国の動向である。

21世紀にグローバルな知識基盤経済（knowledge-based economy）の進展と深化が進むことは間違いない。そこにおいて今後確実に必要性を増すのは、能動的に知識を獲得する能力を有し、変化に柔軟に対処していける市民である。それと同時に、21世紀は「アジアの世紀」だといわれる。オーストラリアはそこに自らを戦略的に定位することでさらなる飛躍を図ろうとしている。それは経済発展だけでなく、教育・文化・社会の諸側面における当該社会の転換を志向するものである。

新たな時代の戦略を見据えるとき、それを支える人材の確保が重要課題となる。ポスト近代社会においてはOECDのキー・コンピテンシーをはじめ、汎用的能力（ジェネリック・スキル）や就業能力に代表される諸能力の必要性が議論されているが、オーストラリアの戦略性を踏まえれば、それはより具体的な能力の明示と人材の育成課題として提示されなければならない。2012年の「アジアの世紀におけるオーストラリア」白書がアジア言語の修得をはじめアジア・リテラシーを有する人材の育成が急務だと主張したことは、同国の地政学的意味を踏まえた具体的な人材育成戦略だった。実際、2014年からは「新コロンボ計画（New Colombo Plan）」が開始され、大学生のアジア各国における留学やインターンシップを支援する政策も展開されている。

オーストラリア社会がこうして新たな未来像を描き、実際の歩みを始めようとしている今、高等教育や職業教育がいかなる役割を担うことを期待されているのだろうか。本章では、高等教育・職業教育の現状と課題を、社会とりわけ労働市場との関係性に着目しつつ考察することとしたい。

（第１節　杉本）

第２節　オーストラリア労働市場の課題

1．移民国家オーストラリアとアジアの世紀

オーストラリアはかつて皮肉も込めて「ラッキー・カントリー」と呼ばれた。さしたる労苦もなく豊かな天然資源を元手に経済的繁栄を享受し得たからである。近年の同国経済の底堅さにもそんな「幸運」が見られなくはない。2000年代以降、他の先進国に比べて相対的に高い成長率を維持できている背景には、幸いにも、成長センターとして世界経済を牽引するアジア新興国からの旺盛な資源需要がある。しかし他方で、21世紀を「アジアの世紀」と見定め、アジア諸国の勃興を自らの発展に取り込もうという同国の動きはより戦略性を強めていると言わねばならない。「幸運」に頼るだけではもう乗り切れないという危機感がそこにはある。

歴史を紐解けば、アジアは長くオーストラリアにとっての脅威であった。多様な歴史・文化・宗教から構成される人口過密なアジアは、白人移民国家オーストラリアの存続を脅かす存在だった。1947年に初代移民大臣コールウェルは大規模移民計画に乗り出すが、その目的は欧州から同化可能な白人移民を受け入れ、国土防衛、労働力確保、人口増加による国家建設を進めることにあった。異質性の高いアジア系移民の受け入れは想定されていなかった。そうした状況に決定的変化が生じるのは1970年代以降のことである。オーストラリアは脱工業化を進めるのに必要となる高度人材を積極的に受け入れる方向へと舵を切り、その意図せざる結果として優秀なアジア系移民が増えていくことになる（竹田、2000：220-224）。

移民国家オーストラリアにとって「移民」は現在も重要な労働力供給源である。1945年以降約720万人の移民を受け入れており、2010年の連邦政府報告書「2050年までのオーストラリア：未来の課題」によれば、高齢化の進行

を見据えて今後も毎年18万人程度の移民受け入れが見込まれている。近年は、グローバル化の中で先進各国による優秀人材の選択的獲得をめぐる競争環境が強まり、高度な知識・技能を有する技術移民（skilled migration）の受け入れが確実に戦略的重要性を帯び始めている。特にオーストラリアの繁栄にとってアジアの高度人材は無視できない存在となっている。アジア系専門職移民は「自ら移動を決断し実行することができる高い教育レベルと経済力を持ち、ホスト社会で積極的な活動ができる人々」（石井ほか、2009:9）としてオーストラリアの政治・経済・社会への影響力を強めつつある。

2. 教育による労働力の質的改善

移民受け入れによるこうした高度人材の獲得と合わせ、既存の国内労働力の質を向上させることも重要課題となっている。短期的には技術移民も有用だが、長期的にみれば既存労働力や新規参入者の技能レベルを不断に向上させることが経済成長の鍵となる。前出の2010年連邦政府報告書も、今後の経済成長に必要な要素として、Population（労働人口）、Productivity（労働生産性）、Participation（労働時間）の3つのPを強調している（Commonwealth of Australia, 2010：3-4）。

近年、オーストラリアの失業率は5～6%を推移しており、先進諸国と比較して低位にある。しかしそのことは、オーストラリア労働市場に問題がないことを意味しない。近年のオーストラリア労働市場が抱える慢性的な課題の一つは技能不足（skill shortages）である。メディアが伝える通り、最近もオーストラリア社会は慢性的に高度な知識・技能を有する労働力を必要としている。労働者の質的向上は教育政策と労働政策とが交差する重要課題である。

過去10年を振り返っても、教育と職業の連携を強化し、労働者の有資格化を進める政策が展開されてきた。2007年末に政権に就いたラッド首相は、2008-09年度予算で「教育革命」と銘打った包括的な教育改革に着手し、オーストラリア経済の将来的な生産性向上を目指して幼児教育から高等教育に至る広範な教育政策を展開した。とりわけ、近年は政策的にも第三段階教育（tertiary education）の強化や職場での知識・技能開発を推進し、高レベル資格取得者を増加させていく動きが強まっている。

シャー（Shah, 2010）によれば、資格保有者の占める割合は増加傾向にあり、Diploma保有者の顕著な増加など資格の高度化も進んでいる。事実、2016年度国勢調査によれば、中等教育修了より上位レベルの資格保持者が15歳以上人口の56%（約960万人）を占め、10年前に比較して10%増加していることがわかっている。さらに、学士号取得者が15歳以上人口の約4分の1を占めるようになったほか、Graduate DiplomaやGraduate Certificate等の大学院レベルの資格取得者も増加傾向にある[1]。他方で、オーストラリアの人口は2025年には2,750万人に達するものの、将来的には生産性の低迷や15歳以上の労働市場参加率の減少（2010年の65%から2025年の63%へ）によって実質経済成長率や一人当たり経済成長率が低下することが見込まれており、有資格労働力を安定的に確保することが今後の課題となっている。

3. 若者による教育から職業への移行

労働力の質的向上を図るために必要となる基本的方策の一つは、今後労働力となって社会を支えていく若者に高質な教育訓練を保障することである。そうすることは、社会から排除されがちな若者の社会的包摂を進める上でも重要な意味をもつ。

第1章でも述べられているように、オーストラリアでは、豪州政府審議会（COAG）の全国教育合意（NEA）において、20-24歳の12年生（もしくはCertificate II）修了率を2020年（現在の目標年限は2015年[2]までに90%に上昇させることが政策目標に掲げられている。これは言うまでもなく、12年生修了の成否が若者の高等教育進学や労働市場参入の鍵を握ることを踏まえて設定された政策目標である[3]。

この目標達成に向け、2009年7月には「若年者の目標達成と移行に関する全国パートナーシップ（National Partnership on Youth Attainment and Transitions）」が策定された。このうち重要な柱の一つが、COAGが2009年4月に採択した、若者の教育訓練への参加促進を目的とした「若年オーストラリア人との契約（Compact with Young Australians）」である。**表1-4-1**に示す通り、三つの要素からなる若者政策であり、この「契約」を履行することが連邦・州政府ともに求められている。

表 1-4-1　若年オーストラリア人との契約（2009 年 4 月）

①全国若者参加要請（National Youth Participation Requirement） 10 年生まで学校教育を続け、17 歳まで教育・職業訓練・労働に従事することを要請するもの ②教育訓練を受ける権利（An entitlement to an education or training place） 15-24 歳の若者に 12 年生（もしくは相当資格レベル）までの学修継続と、職業生活に必要な資格取得を促すもの ③各種収入支援強化（Strengthened participation requirements for some types of Income support） 21 歳以下の若者に対する収入支援の強化

①の「全国若者参加要請」は、10 年生までの学校教育（もしくは相当レベルの教育）の就学を促すとともに、さらに 10 年生修了後、17 歳までは正規の教育・職業訓練・労働（週あたり最低 25 時間）のいずれかに就くことを全国の最低条件として規定している。

これに基づいて各州政府は 2010 年以降政策的な対応を行い、それは例えば、Vic の「2009 年教育訓練改革（就学年齢）改正法」や NSW の「2009 年教育改正法」等に結実した。Vic では、10 年生まで教育を受けることが義務となり、10 年生修了以降は、(1) 継続して学校教育を受ける、(2) TAFE 等で教育訓練を受ける、(3) 就業する、のいずれか、もしくはそれらの組合せを 17 歳まで続ける必要性が規定されている。

②の「教育訓練を受ける権利」は、25 歳未満（15-24 歳）の若者の 12 年生修了を促すものであり、修了後も教育や職業訓練を通して自らの資格向上の機会が得られるようにすることを目標としている。若者による 12 年生もしくは同等レベルの教育修了を支援するために、各州で若者を受け入れる教育訓練機関に対する資金配分や、若者接続プログラム（Youth Connections program）[4] が展開されている。

このように、オーストラリアでは連邦・州政府を挙げて若者の就学・就労支援に乗り出している。若者が適切な資格を取得しないままに離学し、労働市場で不利な立場に立たされないようにするためである。その結果、当然ながら、教育訓練を実際に提供する高等教育機関や職業教育機関に向けられる期待は大きくなる。それでは、実際にどのような機関がいかなる内容の教育訓練を提供しているのか。その質保証はどうなっているのか。次節以降で見ていくこととしたい。

（第２節　杉本）

第３節　大学教育とキャリア

1．オーストラリアの第三段階教育

オーストラリアの第三段階教育（tertiary education）は、①大学、②カレッジ、③職業教育訓練機関（VET）の大きく 3 種類の教育機関に分かれる。

このうち、高等教育（higher education）としては、大学 43 校（その内 2 校が海外大学、3 校が私立大学、残りは州立・国立大学）とカレッジがある。カレッジは主に公立のものが 3 つあり、さらに、VET である技術継続教育機関（TAFE）や私立カレッジ等（約 130 機関）が大学レベルの教育プログラムも提供している[5]。高等教育への進学率（国内学生）は 19 歳人口で見てみると 2016 年の段階で 41% である（Norton & Cherastidtham, 2018: 22-23）。

オーストラリアの高等教育は戦後、イギリスと同様、大学セクターと高等教育カレッジ（CAE）セクターの二元制（binary system）がとられていた。その後、大学と CAE との間で次第に同質化が進んだため、1980 年代後半のドーキンズ改革によって大学からなる一元制へと転換された。この一元化においては、大学と CAE の機関統合が実施されたが、CAE が単独で大学へ昇格するケースも見られた。こうした歴史的経緯もあり、アカデミック志向の強い研究大学（Go8 の 8 大学等）もあれば、職業教育に積極的な大学も存在するなど、それぞれの特性に応じた大学教育が提供されている。

一方で、第三段階教育としては、1970 年代後半から整備が進んだ TAFE（VET セクターの一部）があり、職業教育分野で Certificate や Diploma 等の資格につながる教育プログラムを提供している。大学は主に連邦政府から資金を得ているのに対して、TAFE は州や地域政府から資金を得て運営されている（高等職業教育については次節で詳述）。

21 世紀に入り、高等教育における最大の課題は質保証である。オースト

ラリアでは、1990年代以降、連邦政府が質保証政策を主導し、2000年代以降は、オーストラリア大学質保証機構（AUQA）が大学・カレッジに対してオーディット（機関監査）を行い、各機関内でいかに質保証を実現しているのかをチェックしてきた。しかし、近年は高等教育機関のさらなる多様化を受け、2011年にオーストラリア高等教育質・基準機構（TEQSA）が設立された。TEQSAは、私立カレッジを含む高等教育機関に対する規制を行う政府直属の機関として、アカウンタビリティを強調した規制力の強い質保証を推進している。

2. 大学教育と労働市場とのつながり

多様化が進むオーストラリアの大学教育だが、労働市場との関係でみたとき、どのような取り組みに特徴がみられるだろうか。TAFEではその特性上、産学連携が盛んであったが、近年この産学連携が、大学教育においても、特にデュアル大学（dual sector university, 大学部門とTAFE部門を併設する大学）において盛んになってきている。

その背景には大きく二つのことがある。第一に、オーストラリア労働市場の変容と、その中で生じてきた社会的包摂（social inclusion）の問題がある。人々の社会参加が阻まれ、社会の周縁部に追いやられていく状態のことを社会的排除（social exclusion）というが、社会的包摂とは、それを克服していこうとする動きのことである（杉本、2012a：33）。知識、技能、経験が不足しているゆえに労働市場から排除されがちな若者を、社会の内側に取り込んでいく手段として、教育や職業訓練の重要性が高まってきている。

第二に、世界的なグローバル化や知識社会化の波がある。オーストラリアでは、グローバル化により産業構造・就業構造が変化し、大学においても学生のニーズが多様化し、社会が大学に求めるものも変わってきた。2008年のブラッドリー・レビューでも、①多様化する学生集団に対して、いかに刺激的な教育経験・学習経験を提供できるかがオーストラリア高等教育の成功のカギであるとされ、②高等教育セクターが学生や社会のニーズに柔軟に対応することの重要性が指摘されている（Bradley et al., 2008：69）。

例えば、多様化する学生集団への刺激的な学習経験の提供に関して、オーストラリアではチュートリアルという教授形態が定着している。一般的に、大人数で受ける2時間の講義の後に、12～20人ずつのグループに分かれて行う1時間のチュートリアルという授業が組み合わされている。そこでは、チューターと学生の間でディスカッションが行われ、学生主体の学びが展開される。チュートリアルでは、講義で学んだ内容について、学生にもう一度考える機会をもたせることで、学生の既存知識と講義で学んだこととを関連づけさせる。ここで培われた「ディスカッション力」や「問題を自分の関心や既存知識にひきつけて考える力」などは、学生が社会に出た後にも発揮されていくことが期待されている（竹腰、2011）。

また、高等教育セクターの学生や社会のニーズへの柔軟な対応に関しては、一部の大学が積極的に学生の在学中に職場体験等を積ませるなど、産学連携を活用して大学教育の多様化や効果向上を図るようになっている。社会や産業界からグローバル化や知識社会化に対応できる人材育成への期待が高まっていることを受け、大学教育にも変化が生じ始めている。それは特に、大学教育の学修成果を明示し、その獲得を促す取り組みとして注目を集めている。

3. 大学教育の成果とキャリアー学修成果への期待の高まりー

オーストラリアにおける大学教育の学修成果は、エンプロイヤビリティ・スキル（employability skills）や大卒者特性（graduate attributes）といった形で表現されることが多い。

このうちエンプロイヤビリティ・スキルとは、職場に効果的に参加していくのに欠かせない専門外での技術や知識のことであり、コミュニケーション能力、自己管理能力、問題解決能力、チームワーク力等が含まれる[6]。他方、大卒者特性は、各大学の卒業生が専門分野に関わりなく獲得すべき知識・能力・態度として設定されている。その意味で、エンプロイヤビリティ・スキルは、大卒者特性の一部として捉えられている。

大卒者特性は、各大学の掲げる目標に応じて様々に定義され、呼ばれ方も多様である。例えば、ビクトリア大学においてはGraduate capabilitiesと表現され、コースで学ぶ専門的知識とともに育成される汎用的能力を指している。そこに含まれる主な能力として、問題解決能力、情報を批判的に評価し管理する能力、コミュニケーション能力、自律的かつ協同的に働ける能力、責任感、キャリアを高めていける能力が挙げられている[7]。

こうした諸能力を育成するための教育実践として、近年一部の大学で導入されているのが職業統合教育（WIL）である[8]。WIL とは、産業界との連携の下、大学教育のカリキュラムに実践的な職業体験を統合させた教育のことである。WIL の特徴としては、①対象がすべての学生であること、②職場体験の職種は大学で専攻している専門分野と関連することが前提であること、③カリキュラムの中心に据えられていることが挙げられる。

WIL の導入は、マス化・市場化の中で多様化する学生のニーズにも対応しようとする動きであり、これまでの理論を重視したカリキュラムを、理論と実践を統合したカリキュラムへと転換させる契機となるものである（杉本、2012b：132）。つまり、WIL が盛んに実施されるようになってきた背景には、「学び」という概念の捉え直しがある。すなわち、「教育」（＝何を教えたか）の重視から、「学習」（＝何を学んだか、何ができるようになったか）の重視へとシフトしてきているのである。大学の教育実践や教育方法の本質的な転換が求められてきている。

それでは、実際の教育現場で WIL はどのように実践されているのだろうか。WIL の推進に積極的なのは、革新的研究大学ネットワーク（Innovative Research Universities: IRU）[9]を構成する大学や、旧 CAE を起源とする大学である。その中でも先駆的な実践例としてビクトリア大学がある。

ビクトリア大学の特徴は、2004 年から全学レベルで戦略的に WIL を推進していることである。WIL に相当する取り組みとして職場と地域社会における学習（LiWC）を実施しており、この学習を通して、すべての学生が大学における学びを実際に職場やコミュニティで応用する機会を提供し、現場で必要となるスキルを身につけることが目指されている。さらに、各コースにおける成績評価の 25％を、LiWC による学習活動の成果に配分しており、カリキュラムに明確に組み込まれている。

他方で、WIL の推進にそれほど積極的でもない大学もある。例えば、同じくビクトリア州に所在するメルボルン大学は近年、いわゆる「メルボルン・モデル」の導入によって学士課程プログラムを大きく 6 領域に統合させた。これにより、学生にとっては入学後に専攻やキャリアの選択肢が増えた。その一方で、多くの専門的な教育を、大学院におけるプログラムに移行させており、学士課程における職業志向を弱めたと見ることもできる。また、他州に目を向けても、西オーストラリア大学で同様のカリキュラム改革が実施され、2012年から5領域からなる新しい学士課程プログラムが開始されている（杉本、2012b：130-131）。このように、国内ではなくむしろ国際的視野で先を見据え、大学院を重点化してきている研究大学では、必ずしもWILを優先的に推進しているわけではない。

ここから見えてくることは、WILへの取組みの二極化である。国際的な研究大学では、WILへの取組みはさほど盛んではなく、ビクトリア大学のような地域とのつながりが強い大学では全学レベルでWILに取り組み、それが地域の学生たちを惹きつける要素となっている。オーストラリアでは、連邦政府から大学への資金配分を低減させており、競争原理に拍車がかかっている。そうしたなか、各大学が独自の強みを活かしながらいかに学生に魅力的な学びの環境を提供し成長を促すことができるのかが課題となっている。

（第３節　竹腰）

第４節　職業教育訓練（VET）

1．VETセクターと労働力開発における役割

すでに見てきたように、オーストラリアにおける労働のあり方は急速に変化しつつある。OECD諸国は、労働コストでは発展途上国に太刀打ちできず、提供する財やサービスの質で競争しなければならなくなっている（OECD, 2010＝2012：32）。こうしたグローバルな経済環境において競争力の源泉となるのはスキルの高い労働者である。オーストラリアは近年､職業技能の習得･向上を促す職業教育訓練の充実に力を注いでいる。本節では、オーストラリアの職業教育訓練（VET）に関連する技能・労働力開発の取り組み状況やその質保証のあり方について見ていくこととしたい。

始めに、VETセクターの概要について確認しておこう。オーストラリア技能質保証機関（ASQA）によれば、VETとは「職業に必要とされる資格の取

得や職場で有用な特定の技能を学生に習得させる教育訓練」(ASQA、2018b)のことである。VETセクターは、マネジメント、工学、IT、農業、建築、飲食・ホスピタリティ等の多様な分野で、オーストラリア資格枠組み(AQF)の資格取得[10]に結びつく職業教育訓練プログラムを提供している。

オーストラリアにおける職業教育訓練プログラムは、ASQA等の認定を受けた登録訓練機関(RTO)によって提供されている。具体的には、技術・継続教育機関(TAFE)、社会教育施設、産業技能センター、私立教育機関、営利の教育機関、大学、学校といった機関であり、その数は実に5,000校にも達する(ASQA, 2018a、ASQA, 2018b)。このことからも、VETセクターは、前節でみた高等教育セクターと比較して規模や種類の点で多様である。すでに述べたとおり、近年は一部のTAFEを中心に高等教育レベルの学位プログラムも提供し始めており、オーストラリア社会の求める人材育成において存在感を増しつつある。

それでは、VETセクターはオーストラリア社会において、具体的にどのような役割を担っているのだろうか。

すでに本章第2節で述べた通り、オーストラリアは技能不足や高齢化に伴う経済成長の停滞といったリスクに直面している。これらのリスクに対応するために必要なのは、技能や生産性の向上、労働力率の上昇である。

このことは政府も課題と認識しており、連邦及び各州政府は2018年に「国民の技能向上のための基金に関する全国連携協定(NPSAF)」を締結している。連邦や各州は、豪州の生産性や経済成長に貢献する質の高い職業教育訓練制度やその成果の改善が連邦及び各州の双方にとって利益のあるものとして認識していることから、本協定を提案した。NPSAFは、国民に対して需要のある職業に必要な技能の習得や訓練の機会を支援することによって、雇用を改善することを目的としている(Council on Federal Financial Relations, 2018：2)。

NPSAFでは、最大30万人の訓練や財政支援を行うプロジェクトを通じて、その目的や成果が達成されることを目指している。具体的な成果目標として、23万人を対象にCertificate Ⅲ・Ⅳレベルの訓練(apprenticeships, traineeships)と財政支援、5万人の訓練希望者への訓練と財政支援、2万人を対象に高度な訓練を支援することが掲げられている。NPSAF の予算は、2018 年からの 4 年間で約 12 億豪ドルが見積もられており、連邦政府により拠出される予定である。

こうした目標達成において中心的役割を担っているのが VET セクターである。政府は VET セクターでの職業教育訓練へのアクセス拡大を政策の中心としており、国民の技能開発を担う訓練機関として VET セクターへの期待は大きい。

2. VET セクターの質保証と成果

前述のような NPSAF の目的を達成する上では、財政投入や有資格者数増といった量的側面に加え、オーストラリア労働市場に貢献できる優秀人材を輩出する教育プログラムの質保証が鍵となる。VET セクターの質はどのように担保されているのだろうか。

VET セクターでは、VET を監督する機関と VET を提供する機関を対象とした質保証と、プログラムレベルの質保証が整備されている(**図 1-4-1**)。

VET 質保証枠組みは、図 1-4-1 に記した通り、2011 年国家職業教育訓練監督機関法(National Vocational Education and Training Regulator Act 2011：NVR 法)に関連した基準並びに要件及びオーストラリア資格枠組みで構成されている。これらの基準や要件は、VET を提供する機関が質の高い職業教育訓練プログラムを提供できる水準に達しているかを、組織運営全般(2015 年登録訓練機関基準)、財政(財政上の実行可能性とリスク査定に関する要件)、経営人材(適正人材に関する要件)といった観点から判断するためのものである。

第 1 章でも述べられている通り、オーストラリアでは現在、連邦政府主導で全国統一的に教育政策を展開する動きが強まっており、それは職業教育訓練の質保証についても例外ではない。2011 年の本法制定以降、全国的な質保証機関である ASQA が同法に基づく各要件や基準に従って RTO の認定を行っている[11]。このように RTO の認定体制は全国統一化が進んでいる。また、2015 年 4 月には、VET の監督機関(ASQA 等)を対象とした 2015 年 VET 監督機関基準(Standards for VET Regulators 2015)が制定された。本基準は、リスク・ベースアプローチにより RTO や VET アクレディテーションコースを規制することで、認定された職業教育訓練の全国的な統一性を確実にすることを目

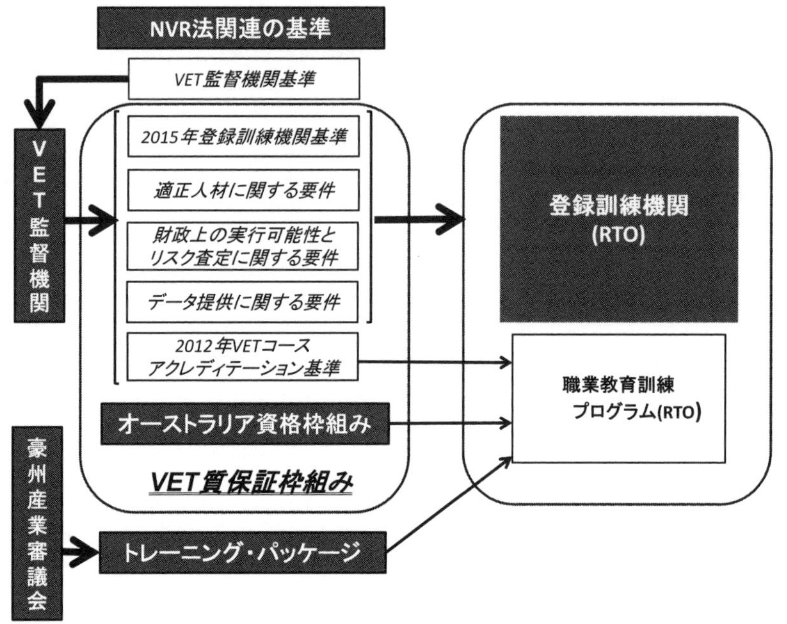

図 1-4-1　VET セクターの質保証枠組み
出典：ASQA（2018c）を参照に著者作成。

的としている。加えて、VETの監督機関における2015年登録訓練機関基準や2012年VETアクレディテーションコース基準の解釈や実施に統一性を持たせることや、監督を行う上でのアカウンタビリティや透明性を確実にすることも目的としている。VET監督機関は、六つからなる同基準を遵守することが求められる。

以上のVET監督機関やVET提供機関に対する質保証に加え、各RTOはAQF資格を授与するプログラムを作成する際、「トレーニング・パッケージ」に従わなければならない。トレーニング・パッケージとは、Certificate や Diploma 等の各資格授与に必要な技能や知識を明示した要綱である。トレーニング・パッケージは、技能サービス機関（SSOs）[12] の支援を受けて産業参照委員会（IRCs）[13] が開発し、豪州産業審議会（AISC）[14] によって承認される。SSOs や IRCs の各機関は、トレーニング・パッケージ基準（Standards for

Training Packages）やトレーニング・パッケージ開発・承認プロセスの指針（Training Package Development and Endorsement Process Policy）等を参照し、トレーニング・パッケージを開発する。2018年12月時点で、累計90余りのトレーニング・パッケージがAISCによって承認されている（AISC, 2018）。

トレーニング・パッケージは、コンピテンシー（Units of Competency）、評価要件（Assessment Requirements）、資格（Packaging rules for qualifications）、協定（Credit Arrangement）等から構成されており（AISC, 2016: 5）、学生がプログラム修了後に身につける能力を明確にすることで資格取得者の水準を担保する仕組みとなっている。コンピテンシーは職場で高い成果をあげるために必要となる能力の具体的な項目を提示しており、RTOが職業教育訓練プログラムを作成する際には、ここで提示された能力を身につけられるようなプログラムにしなければならない。

ここでは、ビジネス分野のトレーニング・パッケージ（BSB Business Service Training Package Version 3.0）を事例にその中身について見ていくことにしよう（Commonwealth of Australia、2018b）。ビジネス分野のトレーニング・パッケージは、SSOsの一つであるPwC's Skills for Australiaによって発行されている。このトレーニング・パッケージは、ビジネス領域のCertificate Ⅰ（Certificate Ⅰ in Business）から経営に関するGraduate Diploma（Graduate Diploma of Management（Learning））まで66に及ぶビジネス分野のAQF資格を授与するプログラム開発に利用されている。

例えば、一般事務員やカスタマー・サービスといった職種に相当するビジネス領域のCertificate Ⅲ（Certificate Ⅲ in Business）の資格を授与するプログラムの場合、トレーニング・パッケージに規定された複数のユニット群から、一つのコアユニットと11の選択ユニットによって当該プログラムが編成されることになる。この場合、コアユニットは「労働安全衛生法に関する知識の職場での適用」、選択ユニットは「帳簿の管理」「ビジネス文書のデザインと作成」「継続的な改善活動に対する支援」「グループ環境におけるイノベーションの推進」「多様な消費者へのサービスの提供と管理」「消費者からの苦情処理」等、実際に事務や顧客サービスに従事する際に必要となるユニットで構成されている。

それでは、各ユニットには具体的にどのような達成基準が示されているのだろうか。

例えば、「ビジネス文書のデザインと作成」(Design and produce business documents)の達成基準は**表 1-4-2** の通りである。ここに示されているように、このユニットは、ビジネス文書の作成準備から完成までの手順に従って大きく四つの項目に区分されており、それぞれに必要な達成基準が具体的な行動様式で表現されている。これら達成基準に示された内容をすべて実際の行動として実行することができるようになれば、このユニットの目標は達成されることになる。

このように、一つのプログラムは、複数のユニット(及びそれを構成する達成基準)を組み合わせて編成されており、それらをすべて修得することで最終的に「資格」が授与されるという仕組みになっている。すなわち、トレーニング・パッケージに具体的な達成基準が明示され、それに基づいてプログラムが開発されることで、当該プログラム修了者(当該資格保有者)は同等の知識やスキルを有していることが保証されるということになる。このことは、職業教育プログラム修了者の質を一定レベル以上に担保する上で極めて重要である。

それでは最後に、以上のような質保証に支えられたVETセクターの職業教育訓練プログラム修了者は、実際にどのような成果を得ているのかについて考えておきたい。

2018年に実施された調査をもとに、プログラム修了者の成果について見てみよう(Commonwealth of Australia, 2018a)。まず雇用の状況だが、VET修了者の7割以上の者が雇用され、修了者の6割以上がVETセクターでの訓練前よりも高い地位に就いている。また、VETセクターでの訓練前に雇用されていた者の2割弱が、訓練後により高い技能が必要とされる仕事に就いている。このことから、VETセクターでの訓練は技能の向上に一定の貢献をしているといえる。

その一方で、VETセクターでの訓練以前に無職だった者の5割未満しか訓練後に職を得ていないことも明らかになっており、労働力率の上昇という点では課題が残る。

表 1-4-2 「ビジネス文書のデザインと作成」ユニットの項目と達成基準

項目	達成基準
1. リソースの選択と準備	1.1 要求されたビジネス文書を作成するために適切な機器やソフトウェアを選択し使用する。 1.2 情報や組織の要求に従いレイアウトや書式を選択する。 1.3 デザインの基本原則を用いて、文書のデザインを会社や顧客の要求に一　致したものにする。 1.4 文書や出版物を依頼してきた人と判型や書式について検討し明確にする。
2. 文書のデザイン	2.1 業務や組織の要求に従いファイルやデータを確認した上で開封し、作成する。 2.2 効果的な見出しをつけ、情報の体裁や見栄えを最高のものにする。 2.3 デザインやレイアウトを調和のとれたものにするため、様々な機能を使用する。 2.4 決められた要求の中で入力機器を操作する。
3. 文書の作成	3.1 組織の要求に従い指定の時間内に文書を完成させることができる。 3.2 書式やレイアウトに関する業務上の要求を満たした文書が作成されていることを確認する。 3.3 データを失うことなく文書を記録し保存する。 3.4 文書のデザインや作成の初歩的な問題を解決するためマニュアル、ブックレット、ヘルプデスクを利用する。
4. 文書の完成	4.1 出力前に文章の読みやすさ、正確さ、統一性、書式、レイアウトに関する校正をする。 4.2 要求を満たすよう文書を修正する。 4.3 組織の要求に従った形式で名前を付けて保存し、データの消去や破損などなくアプリケーションを終了する。 4.4 要求に従い文書を印刷し提出する。

出典：Commonwealth of Australia（2018b：1763）.

ただ、VETセクターに対する修了者の満足度は高い。先の調査では、VET修了者の9割弱が訓練の全体的な質に満足しているという。また、訓練後に雇用された修了者の8割弱が、VETセクターでの訓練が現在の仕事に適切なものであったとも考えている。このような高い評価結果に基づけば、VETでの教育訓練プログラムの質は維持されているとひとまず考えてよいだろう。

近年急速にグローバル化が進行する中で労働市場の求める労働力は変化を

続けており、VETセクターがそれにいかに機動的に対応できるのか、今後の動きが注目される。

（第4節　我妻）

結　語

本章では、オーストラリアが描く未来像を踏まえつつ、現在の労働市場の状況と、それへの応答として高等教育や職業教育がいかなる役割を期待され、実際にどのような取り組みが展開されているのかについて見てきた。

21世紀社会を特徴づける本質的変化がグローバル化と知識社会化であるとした場合、オーストラリアを含む各国で、高等教育や職業教育への期待がいやましに高まっていくことは間違いない。実際に世界各地で高等教育や職業教育のマス化（量的拡大）が共通して見られ、21世紀に求められる高度な知識・技能を有する人材の育成を軸に、中等教育後の「教育」は今後さらに社会ニーズへの応答性を備えることが求められるようになるだろう。

もちろん、教育の使命は労働市場が必要とする即戦力としての人材育成にのみ限定されるものではない。とりわけ大学教育には、伝統的にアカデミックな教育を通しての人格陶冶が期待されてきた。事実、従来専門教育を中心としてきたオーストラリアの一部の大学―本章第3節で言及したメルボルン大学、あるいは西オーストラリア大学といった研究大学―は、学士課程にリベラル・アーツ的要素を組み入れる動きを見せ始めている。こうした動きは、学士課程で幅広く学ばせた上で、大学院で専門性を高めることを目的とするものであり、国際的なレベルで進む大学間競争を意識しつつ、広さと深さを兼ね備えた人材を育成しようとするものである。

しかし総じていえば、オーストラリアの高等教育や職業教育は、国内外の人材養成ニーズに柔軟に対応する俊敏さを有し、一部の大学や大規模な職業教育機関はグローバルな教育展開にも前向きに対応しようとする姿勢をもっていると特徴づけることができる。

そうした意味で、今後オーストラリアの高等教育・職業教育は各機関レベルで機能分化がさらに進むことが予想される。すなわち、国内外の教育市場を舞台に各機関が自らの使命や戦略に即した位置取りを進めていくことになるだろう。それは、教育機会の量的拡大と多様化という点で歓迎されるべきことであるが、そうなれば必ず課題となってくるのが「質保証（quality assurance）」である。多様な教育機会の拡大が意味をもつのは、その教育の「質」が確保されてこそである。オーストラリアにおいて政府・産業界・機関等の多様な主体が高等教育や職業教育に政策的・実践的に関与し、新たな方向性を示そうという、本章でみてきた多様で実験的な試みは、まさにそうした意味で読み解かれるべきであろう。

（結語　杉本）

【註】

1 http://www.abs.gov.au/AUSSTATS/abs@.nsf/mediareleasesbytitle/1533FE5A8541D66CCA2581BF00362D1D?OpenDocument（2019.1.4 アクセス確認）

2 政策目標は当初 2020 年までに達成することとされていたが、2009 年 4 月、世界経済危機に対処するため、5 年前倒しして目標年限を 2015 年に短縮することになった。

3 2011 年現在、20-24 歳コーホートの 12 年生修了者比率は 75% であり、2001 年の 71%から 7%上昇している（ABS 2011）

4 http://deewr.gov.au/youth-connections（2013.6.17 アクセス確認）

5 http://www.teqsa.gov.au/national-register（2019.1.11 アクセス確認）

6 http://deewr.gov.au/employability-skills（2013.3.24 アクセス確認）

7 http：//tls.vu.edu.au/potal/site/design/graduate_capabilities.aspx（2013.3.24 アクセス確認）

8 2011 年の段階で、30 ～ 34 の大学が WIL に携わっている。

9 IRU とは、2003 年に構築された革新的研究大学ネットワークを形成する大学のことである。フリンダース大学、グリフィス大学、ラトローブ大学、マードック大学、ニューカッスル大学、ジェームズ・クック大学、チャールズ・ダーウィン大学の 7 大学から構成されている。

10 オーストラリア資格枠組とは、中等教育修了段階から高等教育や職業教育までの広範な資格・学位を対象とする全国的枠組みである。VET セクターに関わる資格には、Certificate Ⅰ、Certificate Ⅱ、Certificate Ⅲ、Certificate Ⅳ、Diploma、Advanced Diploma、Graduate Certificate、Graduate Diploma がある。

11 ただし、ビクトリア州と西オーストラリア州は各州の質保証機関が認定を行っている。

12　技能サービス機関（SSOs）は、産業参照委員会（IRCs）がトレーニング・パッケージの開発や見直しを行う際に支援する独立した専門的サービス機関である。6機関（Artibus Innovation、Australian Industry Standards、IBSA Manufacturing、PwC's Skills for Australia、Skills Impact、Skills IQ）が教育訓練省より財政支援を受けている。

13　産業参照委員会（IRCs）は、トレーニング・パッケージの開発に際し、各産業界で求められる技能を検討する公的なチャネルである。各IRCsは、各産業界の関係者から構成され、トレーニング・パッケージを、雇用者、被雇用者、訓練提供機関、資格取得を目指す者に必要な事項を満たしていることを保証する。また、各IRCsは、産業界から意見聴取を行い、さらには、トレーニング・パッケージが産業界の要求を満たしているか等の情報収集を行う。加えて、各産業界における技能のニーズに関して、豪州産業審議会（AISC）へ助言を行う。2017年現在、全てのIRCsに対してレビューが行われ、各IRCsはAISCによって開発された指針に従う。67のIRCsが存在している。

14　豪州産業審議会（AISC）は、COAG産業技能審議会（COAG Industry and Skills Council）によって2015年に設立された。AISCは、産業界に対してトレーニング・パッケージの履行に関する公的な承認をする役割を担っている。また、連邦政府や州政府の産業・技能大臣に対し、全国的なVET政策の実施に関する助言を与えている。

【参考文献】

- 石井由香・関根政美・塩原良和（2009）『アジア系専門職移民の現在─変容するマルチカルチュラル・オーストラリア』慶応義塾大学出版会.
- 稲永由紀（2012）「訪問調査事例に見る豪州の職業統合教育（WIL）」、平成23年度先導的大学改革推進委託事業報告書『国内外における産学連携によるキャリア教育・専門教育の推進に関する実態調査』、pp.139-151.
- 杉本和弘（2012a）「オーストラリアにおける若者の社会的包摂─『教育から職業への移行』を中心に─」、『オセアニア教育研究 第18号』.
- 杉本和弘（2012b）「豪州の大学教育における職業統合教育（WIL）」、平成23年度先導的大学改革推進委託事業報告書「国内外における産学連携によるキャリア教育・専門教育の推進に関する実態調査」.
- 竹田いさみ（2000）『物語 オーストラリアの歴史─多文化ミドルパワーの実験─』中公新書.
- 竹腰千絵「第5章　大学教育」佐藤博志編著『オーストラリアの教育改革─21世紀型教育立国への挑戦』学文社、2011年.
- 大学評価・学位授与機構（2010）「諸外国の高等教育における質保証システムの概要　オーストラリア」www.niad.ac.jp/english/overview_og_j.pdf 2013/5/12アクセス確

認）.

- D･S･ライチェン、L･H･サルガニク（立田慶裕監訳）（2006）『キー・コンピテンシー―国際標準の学力をめざして―』明石書店.
- Access Economics（2008）*Future Demand for Higher Education*, November.
- ACCI（2007）Addressing Australia' s Labour Shortages, Review, No.153.
- AISC（2016）*Training Package Development and Endorsement Process Policy*, AISC.
- AISC（2018）*Training Packages.*（https://www.aisc.net.au/content/training-packages: 2019 年 1 月 6 日アクセス確認）
- ASQA（2018a）*About RTOs.*（https:www.asqa.gov.au/about/ australias-vet-sector/about-rtos: 2018 年 12 月 17 日アクセス確認）
- ASQA（2018b）*Australia's VET Sector.*（https://www.asqa. gov.au/about/australias-vet-sector：2018 年 12 月 17 日アクセス確認）
- ASQA（2018c）*VET Quality Framework.*（https://www.asqa. gov.au/about/australias-vet-sector/vet-quality-framework：2018 年 12 月 17 日アクセス確認）
- Australian Government（2011）*Annual national report of the Austral ian Vocational Education and Training System 2010*, Canberra：DEEWR.
- AWPA（2013）*Future focus: 2013 National Workforce Development Strategy*, March.
- Bradley, D. et al.（2008）*Review of Australian Higher Education*, Final Report, p.69.
- Commonwealth of Australia（2010）*Australia to 2050：future challenges*, Intergenerational Report 2010, January, pp.3-4.
- Commonwealth of Australia（2018a）*Australian vocational education and training statistics VET Student outcomes 2018*, Adelaide：NCVER.
- Commonwealth of Australia（2018b）*BSB Business Service Training Package Release: 3.0*, PwC's Skills for Australia.
- Council on Federal Financial Relations（2018）*National Partnership on the Skilling Australians Fund*、Parkes：Council on Federal Financial Relations.
- DEEWR（2012）*National Skill Shortage Overview.*（http：//deewr.gov.au/skill-shortages-0 2013.6.14 アクセス確認）
- OECD（2012）Learning for Jobs, OECD.（＝（2012）、岩田克彦・上西充子訳『若者の能力開発―働くために学ぶ』明石書店.）
- Shah, C.（2010）*Demand for qualifications and the future labour market in Australia 2010 to 2025*, CEET, Monash University.

オーストラリア

教育現場の日常—学校

馬渕 仁

筆者が勤務していた学校。20 か国以上の国籍をもつ子ども達が在籍。

オーストラリアの児童生徒は、学校でどのような毎日を過ごしているのだろうか。また、かれらを取り巻く保護者や教師の日常はどのようなものなのだろう。それを描くことが、本章の役割である。幸いなことに筆者は、同国の教育現場に教員や現地教育省の職員として、あるいは保護者や外部からの研究者として、様々な立場で1980年代の前半より今日に至るまで身を置くことができた。ここでは、これまでに経験した教育の現場をありのままに描写することを試みたい。

1．学校の様子

まず、学校での学習の様子から紹介する。オーストラリアの学校がいかに日本の学校と異なっているかという視点のみで、二項対立的に捉えることは避けなければならないが、日本での数年間の教員生活を経てオーストラリアの公立校に赴任した筆者にとって驚きであり、考えさせられた事柄を率直に述べてみたい。

⑴クラス風景

はじめに、小学校を中心に紹介していくことにする。まず気づくのは、クラスの生徒数とその構成の違いである。筆者は、現地の外国語教育コーディネーターとして数多くの学校を訪ね、データでは見えない実態を知る機会が与えられたのだが、多くの場合、一クラスの定員が30名を超えることはなかった。一部の地域では一学年で20～30名のクラスを構成することが難しいケースも見られるが、そうした場合は二学年にわたる合同クラス（コンポと呼ばれる）が実施されることも稀ではない。カリキュラムなどは実に柔軟で、小学校段階から、複数の科目を合同で実施する授業が至るところで展開されている。例えば環境問題に関する学びでは、問題を取り上げたさまざまな文献を読み（英語）、次に気候変動について学び（理科）、そして各国の取り組みについてグループで調べて発表する（社会科）といった授業が複数の教員によって数週間続くのである。教員は、各年度が始まる前にカリキュラム・デーと呼ばれるプランニングの日をもち、その年の学年構成に応じた授業計画を作成する。そのような日は学期中にも持たれ、Professional Development（PD）と呼ばれる教員研修日などを使って、新しい学習内容について理解を深める機会が与えられる。

州の教育省が定めた各教科のガイドラインはあるのだが、どのような教材を用いてどの学年でそれを達成するのかは、地域や各学校の方針に委ねられている。カリキュラムにおける柔軟性の非常に高いことが、このような運用を可能にしていると言えるだろう。あるいは、異なったレベルの学習者が同じ学年や教室に混在することが、そもそもの前提だからかもしれない。

柔軟性の高い考え方が如実に表れるのが、能力別クラスの実施である。国語（英語）や数学の授業を中心に、通常、児童は一クラスの中で能力別に三つほどのグループに分かれている。オーストラリアに赴任して、初めてこのことを知ったときは面食らった。しかもクラスの担任たちは、平然と「頭のよい子、普通の子、悪い子」などと言う。爾来、多くの教師と仕事を共にし、話をしたが、こうした考え方は特殊ではなかった。「能力の異なる児童に、同じ内容で学習させるなど考えられない」というのである。「少なくとも小学校では『できない子ども』のグループなどつくるべきでない。教師も親も子どもの能力にレッテルを貼らず、子どもを励まし引き上げるべきであり、それができないのは教師の努力が足りないからではないか」。それが当時の、筆者を含む日本から赴任した教員の基本的な考え方であった。一方「教師に協力してくれる親は、ここでは多くないよ」というのが、オーストラリア人教員たちの反応である。「だから、日本の先生は楽なのだろう。家庭の協力が当然のように期待できる。学習レベルをそろえて、教科書にそって一斉授業ができるわけだ」、中には「自分たちの方が教師のプロだ」と言い切る人もいた。実際には、教科書のない中、本当に子どもに合った教材を日々作成し、授業展開のできている教師は必ずしも多くないように見受けられたが、「人間の能力に違いがあることが教育の前提」だという彼らの考え方に、問題意識を与えられたのも事実である。

⑵校則やルールについて

オーストラリアの学校では制服や厳しい校則などはなく、自由であるというイメージを持たれがちであるが、それは誤解である。特に私立の場合、多くの学校で制服が指定されているし、通学路が決められていることなどもある。ただ、それを実施する際の考え方には、かなりの相違があるかもしれない。端的に言うと「管理する」発想が、日本よりはるかに少ないのである。

集合の場で、身長の順や男女別に整列している子どもたちは、まずいない。「前に倣え」や「回れ右」などの号令がかかることも、まずない。10年近くのオーストラリア滞在を経て帰国した際の衝撃を、今でも忘れることができない。都心の駅で、春の遠足に向かう小学校高学年の児童たちと出会ったときのことである。全員が同じ色の帽子と運動着を着用し、膝を抱えてプラットホームに座る児童を前に、担任の教師が短く笛を吹いて、「班長は点呼して集合！」と指示していたのである。同様の風景は、オーストラリアではおそらく見られないだろう。「登校時には元気よく挨拶しましょう」、「スカートの丈は膝から何センチ以内と定めます」などの奨励や規則も、オーストラリアの学校では想像できないことである。

では、オーストラリアの学校では児童生徒は自由気ままで何をしてもよいのかというと、そうではない。各学校に、授業中の私語から喫煙にいたるまで厳格な規則があって、それらを破ると、程度に応じてディテンションルーム（特別に隔離した部屋）での学習を命じられる。それでも態度が変わらない生徒たちは、複数回の警告の後、転校や退学となる場合も珍しくはない。決められたルールを守らせるための運用には、たいへん厳しいものがあった。

多くの細かいルールはあるが、違反に対しては教育的な指導を試みる日本と、数少ないルールを厳格に守らせ、違反者には処罰が明確に課せられるオーストラリア。もちろん、両者をあまりにも対照的に捉える議論は避けなければならないが、このアプローチの違いには、教育に関わる者への示唆が多く含まれるのではないかと思う。

2．学習姿勢

⑴ライティング“書くこと”の指導について

作文の指導法について、議論になったときのことである。オーストラリアでも、書くことになかなか取り組めない生徒は大勢いる。そこで、かつて英語圏を中心に広まった、プロセス・ライティングというメソッドを採用する提案がなされた。こうした事項は、後述するが、各校の教職員と保護者の代表で構成される学校審議会 (School Council)[1] が方針を決めることになる。筆者の赴任校の教員たちは、この新しいメソッドの採用をほぼ全員で決定した。

プロセス・ライティングとは、作文を書かせる際に、原則として教師は添削を行なわず、自由に書かせていくメソッドである。日本語を学ぶ際に漢字の習得は欠かせないが、英語圏ではそれはスペリングの習得に相当する。スペリングは、各教師が作文の時間に指導するのが従来の方法であった。伝統的な作文指導では、生徒の作文に教師が赤ペンで修正を書き込むことになる。ところが若い教師たちは、そうした指導が生徒の書く意欲を阻害すると捉え、従来の指導法に疑問を突き付けた。保護者たちは、伝統的な方法のよい点を挙げて妥協点を探ろうとしたが、最終的には教師側が、中途半端では意味がないと押し切ったのである。筆者はその変化の速さに驚いたが、同時に教員たちの姿勢から様々なことに気付かされた。

多くの教員は、生徒たちにとって学ぶという営みを楽しく魅力的にするために大いに工夫し、エネルギーを傾注している。その観点では、機械的な学習―スペリングテストや計算ドリルなど―は、極めて評判の悪い手法となる。学習者が自ら取り組むまでは、興味を喚起することに重点を置き、待つ姿勢が強調される。少し極端に言えば、教師は学習者をうまく「のせる」ことに鋭意努めるわけである[2]。

⑵試験と入試

中学校・高等学校 (中等学校) へ進学すると、書くことの重要性はさらに強化される。では何をするのかと言うと、例えば歴史の学習がある。中学・高校の6年間を通じて、オーストラリアの歴史や世界史を通史的に学習する学校は少ない。代わりに、例えば第二次世界大戦後のオーストラリアにおける労働党政権の功罪を考察せよ、などのテーマを立て、一学期をかけて学ぶのである。生徒は、図書館やインターネットで調べた資料や授業での討論に基づいてペーパーを仕上げていく。自分なりの問題意識を持って考え、まとめたもので評価されるべきだとの考え方が、根底にあるのだろう。

教育において書くことに最もウエイトを置かれているのは試験、特に大学への入学試験であろう。オーストラリアの試験は、極論すれば書くことに始まり書くことに終わる。いわゆる暗記ものの占める割合は、たいへん少ない。数学や実技試験を除くほとんどの試験が論文形式なのだが、大学入試ともなると、2〜3時間かけてしっかり課題に取り組むことが求められる。また、その場で自由に書くわけではなく、受験生は高校2年の頃から、読んでおくべき本、学習上カバーしておく事項などを細かく記したガイドラインを提示され、それに従って対策を積み重ねていく。入試ではそれらの学習に基づいて論述するので、付け焼刃的な知識や設問事項の山を張ることなどは意味をなさない場合が多い。

⑶学校を離れた学習

もうひとつ紹介したいのは、校外学習とも言われる、学校の外へ出て学ぶ機会についてである。一般的に言うと、その種のプログラムが実に多く、街や郊外へ気軽に出かけていく。驚いたものでは、4・5年生の遠足で300キロほど離れた町へ、早朝から夜10時まで日帰り遠足に行ったことがあった。目的地の到着が午後1時頃、見学を終えて帰りの電車は夕方5時頃に現地を出た。児童たちは大喜びである。

高学年になると、月曜から金曜までのスクールキャンプと呼ばれる校外学習が毎年1回は実施されるのだが、日本で行われるような事前学習といったものはほとんどない。現地での日程の自由度も異なっていて、分単位で行動する場面はほとんどなかった。終了後、日本の学校行事でみられる、反省会やふりかえりの会のようなものがもたれることもない。学校や教師の側が、自ら与えたいものの期待値で児童生徒を評価する度合いが低いとでも言えるだろうか。

同様の姿勢は、教室を離れた教育活動にも見られる。どの学校でも、午後3時頃の授業終了後に生徒の関わる活動は、校内ではほとんど見られない。教職員も、週に1回の教職員会議の日を除くと、3時半頃には学校を出て帰宅する。校内でのクラブ活動は行われず、スポーツや楽器の練習などは、学校を離れた地域のクラブや施設での活動が中心になる。さらに、長期休暇中に児童生徒が勉強や課外活動で学校施設を使用することもないと言っていいだろう。

これらの考え方に共通するのは、学校が可能な限り教育の場としての役割を果たそうとする姿勢からかなり遠いということであろう。それを「社会の受け皿が整っている」と捉えるか、「教育における学校に対する期待値が低い」と捉えるのかについては、丁寧な考察が必要だと考えている。

3．教育に関わる人たち

⑴教師たち

ここまで、主に学校での児童生徒の様子や学習の実態について述べてきたが、教師たちについても触れておきたい。赴任して間もない頃、小学校6年生の児童たちが、全校の教員に将来の夢をインタビュー調査したことがあった。回答の中で、とても熱心な指導的教員たちが「できるだけ早く退職して自分の好きなことをして暮らしたい」と述べるのに驚いたのだが、これは教員に限らず、多くのオーストラリア人たちの願望のひとつだと後に知ることになった。

オーストラリア人と言っても、民族的な背景、居住地域、世代などによって実に多様であり、安易な一般化はできないが、それでも、自分の家を自力で建てる人や、退職までに数回取得できる長期（半年以上の場合も多い）の休暇を取って、学校に通う自らの子どもを連れ国内外の家族旅行に出かける人たちに、教員仲間だけでも何人も遭遇した。

教師のサラリーは、他の職業に比較して高いとは言えない。基本的にボーナスはない。しかし、休日は多い。多くの州では4学期制が採用されており、長い夏休みの他に2週間の休暇が年3回は取れることになる。そうした休暇中に教師が学校で仕事をすることは、管理職以外まずないと言ってよい。まして、児童生徒が登校することは考えられない。中には、1年も前から計画した旅行に学期途中で行く者もいた。

このように書くと、オーストラリアの教師は日本の教師とまったく異なる人たちのように思われるかもしれない。しかし共通点と言うか、お互いに関心を分かち合えることが多くあるのも事実である。例えば、筆者が出会った教員の多くにとって、保護者はやはり気を遣う存在のようであった。通常学校では、保護者たちはいつでも校内や職員室に入ることができるので、コミュニケーションはかなりオープンに取れるようになっている。そうした中、教員が保護者への発言にたいへん配慮しながら対応する場面によく遭遇した。教員は、学校を離れて外で会っても、パーティの場でも、いつも学校や教育のことを話し込んでしまう。これも、多くの教員が自嘲しつつ認めていたことであった。こうした教員世界の雰囲気ともいえる実態は、現場に居てこそ実感できたことかもしれない[3]。

⑵保護者と学校審議会

最後に、学校における保護者の役割について述べておきたい。日本では第二次世界大戦後にアメリカを中心とするGHQの勧奨を受けて組織されたPTAが広く受け入れられているが、オーストラリアをはじめ他の英国系の国々では学校審議会（スクールカウンシル）の存在が大きい。学校審議会は、校長など教員の代表と保護者の代表で構成され、学校の規模などによって異なるが、おおよそ十数名のメンバーが、週日の夜、月に一回程度集まることになっている。そして日本のPTAとの重要な違いは、この組織が果たす役割の大きさにある。

学校審議会は、学校の最高議決機関である。それは、各学校の校長を選び決定することにも顕著に表れている。職員会議や校長より上位に位置する組織であり、カリキュラムの編成や学校の年間計画もすべてここで決定される。実際のカリキュラムなどは、職員会議や学校審議会内の小委員会が立案・検討し、同審議会はその承認をとるという形で実施されるのだが、大きな権限をもつことに違いはない。

これらの制度は、伝統的にオーストラリアに見られたものではない。1980年代前半に急速に変革が起こってでき上がっていったものであり、それまでは州教育省の各地域出先機関がほとんどを決定していた。日本とはまったく異なる機構が、そもそも存在していたわけではないのである。時に極めて急速に変化が見られる、オーストラリア社会の一面を表しているかもしれない。

4．おわりに

オーストラリアの教育現場について、さまざまに記したが、紙幅の関係もあり、現地の学校をめぐる状況のすべてを紹介できた訳ではない。例えばこれまでのオーストラリアの学校教育において、最もホットなテーマのひとつであった公立校と私立校の関係や格差について、また最近の教員組合の活発化についてなど、重要な事柄であっても触れられていないものがあることを断っておきたい[4]。現地の学校で生活した者にこそ体感できる、オーストラリアの学校の日常が臨場感をもって伝わり、同国の教育に関心のある人たちに、少しでも参考になれば望外の幸いに思う。

【註】

1　学校評議会と呼ばれることが多いが、国内のオーストラリア教育研究では学校審議会という名称が使われる。

2　そのようなコンテクストの中、オーストラリアの学校が、近年 PISA の結果で上位に位置する中国上海の学校の教授法に多大な関心を抱き始めていることなどは、たいへん興味深い。伝統的な教授法が、一部見直されるかもしれない。

3　一方、IT 化や国際化に対応した教育を急速に進める州や連邦政府の教育行政に対応を迫られる教師は、業務が増加の一途をたどっている。2012 年にギラード首相（当時）は、全高校生の成績上位 30％に入らなければ将来教員になれないことや、教員研修の更なる改善を求めて「教育クルセード」というプランを発表した。負担が増す中で、オーストラリアの教員たちの日常生活も今後変わっていくかもしれない。

4　近年は、学部在学中に教職課程を履修していなかった者が教員になろうとする際には、卒後資格として修士課程の修了を条件とする傾向が強まっている。また、公立校であっても学校財政に責任をもつ各校の役割が増大していることや、連邦政府の関与の拡大など、ある意味で日本よりはるかに目まぐるしい動きがみられるが、それらの詳細については、改訂された本書の各章を参照いただきたい。

オーストラリア

教育現場の日常―大学

――オーストラリア・ヒラ講師生活：研究・教育・社会貢献

齊藤 英介

1. はじめに

私は2016年1月から現在の職場に赴任した。オーストラリアに転職を決意してから十数回様々な大学に応募し、何とか現在の仕事を得ることができた。当地に赴任してから、当時では様々な人々が就職に苦労していることを知り、幸運だったことを痛感している。

私自身は、海外で学位を取ったことはなく、日本で保育園から大学院まで全て過ごした。その一方で、大学で教えた経験は前職のシンガポールのみであり、日本では学生の立場しか知らない。しかもそれは二十年ほど前の話である。そのような限界を予め告白しつつ、オーストラリア、あるいは欧米語圏の大学生活に関心のある学生さんや研究者に、今の仕事について報告できればと思う。

なお、オーストラリアの大学では、講師（lecturer）、上級講師（senior lecturer）、準教授（associate professor）、正教授（professor）という英国式の四つの職階がある。以前勤務していたシンガポールでは、米国式の助教授（assistant professor）、準教授（associate professor）、正教授（professor）という職階制度が採用されている。講師職もあるが講師・上級講師の二つの職階まで、また職務も教授職であれば研究に相応の比重が置かれる一方、講師職は教育に比重の大部が置かれる。私はシンガポールでは助教授、当地では講師である。つまり、ヒラ職である。上位の職階にある者からすれば、ずいぶんと物事の見え方は違うだろう。

大学の教職に研究と教育、社会貢献という三つの領域が職責の中心である。本コラムでは、ヒラ講師の観点からみた、これら三つの領域での関心事について述べる。

2. 研　究

まず、研究について述べてみよう。この節は、研究者の方々、とくに海外での留学やキャリア形成に関心のある研究者を念頭に置いている。アメリカの大学では、教職者の勤務評価の基準で研究が六割、教育と社会貢献がそれぞれ二割という評価項目であるところが多いようだ。それに対して現在の職場では教育学部と言うこともあり、研究が四割、教育が四割、社会貢献が二割である。シンガポールでも研究と教育を同程度に重視するという原則がおかれていた。だが実際には、研究面に最も大きな重点が置かれているように思われる。

研究面で一番の優先事項は、端的に言えば、国際学術誌での出版である。最近は日本でも認識されているように、学術誌には様々な分野別ランキングがあり、そのランキングで上位の学術誌に出版することが奨励されている。同様に英語圏の出版社では学術書籍については査読が学術誌同様になされ、そのなかでの章（共著書籍）出版も、学術誌論文と同様に扱われるものの、学術誌の方が速報性、また査読の厳密性が高いため、学術誌での出版が重視される傾向にある。

現在の職場では、学部内また他大学、あるいは学内他学部との連携や協同研究を勧めている。これは、Times Higher Education や QS などの大学ランキングなどを意識したものだろう。また、外部資金獲得のチャンスも増えるためだろう。

とはいえ、オーストラリアでは Australian Research Council（ARC）などの研究資金の獲得は非常に競争率が高く、正教授であっても、ARC の資金獲得経験の無い者も珍しくない。そのため、上位の職階にある要職者からは、「資金獲得も大事だが、まずは論文の生産を重視するように」というアドバイスがなされることが多かった。だが最近は「資金を何としても獲得しなさい」というアドバイスが増えてきた。

さて、シンガポールでは実績が厳密に数値化され、給与面に反映されていた。当地ではそこまでの厳密さはないが、論文出版は教職者にとって常にプレッシャーとなっている。これは、永年在職権獲得や昇進に直結するからだ。また上位職階にあるものも、基本的には評価を受ける対象であり、論文の生産に努めている。

厳格な規定はないものの、アメリカでは 6 年間で 14-15 本の論文を出版し、うち数本をランキング上位の学術誌に掲載することが期待されているようである。シンガポールもそうであった。現職場では、評価の方法が若干異なり、年ごとの平均値を産出して評価される。5 年間のうち 1 年で一気に 6 本を出版しても、平均では1.2本に過ぎない。言わば、米国式の評価基準がストック型であれば、現職場はフロー型の基準で、教職者は定常的な出版が期待されている。また、同僚によれば、以前は1年で2本でているならよかった、ということだが、最近はそうではない、と言う。書籍の出版や上述の通り、研究資金獲得も重視されつつあるのだろう。しかし、安定的な学術誌での出版が大前提であることに違いは無い。

先ほど、学術誌のランキングについて少し述べた。最近は稿料を払えば掲載してもらえるハゲタカ・ジャーナルが跋扈しつつあり、優良な学術誌での出版が強調されている。「載せたら恥だぞ」と言われるような学術誌もある。そのため、大学のデータベースなどで調べて提出先を決める同僚もいる。私自身は、大手の出版社数社の学術誌に的を絞って提出をしている。論文の出来具合にもよるが、まずは上位の学術誌からアタックすることに違いは無い。

その一方で、「常に上位・最大手の学術誌を狙う必要は無い」というアドバイスを、シンガポール時代にもらった。当然、上位の学術誌は査読が厳しい。提出してわずか一日で却下ということも決して珍しくはない。それだからこそ、小規模でも中規模でも良いから学術誌で安定的に生産し、自信作を上位の学術誌に提出すると良い、というわけである。しかし小規模の学術誌に提出する際でも、大手の出版社にあるものであれば、まずは間違いないだろうというのが、私が持っている相場観である。

また、日本の多くの大学では、出版業績は自己申告制であろうと思うが、現職場では教職者の出版業績を審査する担当官がおり、彼らがまず査定を行い合格となれば大学に初めて登録となる。合格が得られなければ、大学から認定をしてもらえず、ホームページに載ることもない。

加えて、最近では論文の被引用率も評価し始める傾向にある。現職場でこのことはこの1年ほどで言われるようになったが、シンガポールではすでに数年前から実施されている。英語での論文出版は、世界中に投稿・出版が可能である。そのため、正直に言えば日本語での研究出版よりもチャンスは大きいだろう。だからこそ、どの程度その成果が言及されるかが、大きな関心事になっている。

3．教　育

次に教育について述べることにしよう。この節は、学生さん、研究者の双方に読んで頂ければと思う。さて、教育とはまさに授業のことである。学生の授業評価が必ず実施されているため、教育項目に関する勤務評価の基礎になる。要は、学生のアンケートで高い評価を得られるかどうかが、鍵である。アンケートは数値評価もある一方で、コメント欄も有り、かなり自由に記載がなされている。端的に言えば、辛辣なコメントも多い。これはオーストラリア人もこたえるのか、コメント欄のデータファイル前文には、「カウンセリング紹介も可能である」と書かれているほどだ。

そうなると、自分の自信のある分野で授業をするというのが理想であろう。だが、オーストラリアでは、学部や勤務先にもよろうが、自分の専門外の科目を教えることは割とあるようだ。少なくとも、現職場では、自分の専門外も大いにあり得る。私自身の専門領域は学校改革、教師の専門力量形成などだが、ほとんど自分の専門科目は教えたことはない。専門外の科目としては、カリキュラム論、就学前教育におけるリーダーシップ、中等教育修了者の就職問題論などがある。

ただし、一方的に授業科目が振り当てられるわけではない。だいたい年中央の5月から7月ほどにかけて、意向調査が実施され、どの科目を教えたいかの希望を表明する。その結果を反映して、年末に翌年の教育業務内容が公表されるという具合だ。また博士論文や修士論文などの指導負担も考慮される。

さらに、日本やシンガポールで経験しなかったこととして、海外分校課程(Offshore programme)がある。海外分校という語は拙訳によるものなので適合的かどうかは意見が分かれよう。要は、シンガポール、香港などの豪州以外の学生を対象に、学士や修士のプログラムを提供している。恒常的なキャンパスは設置せず、オンライン教育を中心としながら、数日間の集中講義を行い、課題評価に基づいて単位を授与するものである。

さて、それでは実際の場面について少し触れることにしよう。現職場では、一つの科目(unit)に1時間の講義と2時間のチュートリアルをあてることになっている。また、登録者数が多い科目であると500名を超えることもある。授業の役割分担として、全ての科目に対して主席審査役（Chief Examiner）、科目企画・調整役（Unit Coordinator）、講師という三つの役職が存在する。この役職は、学部が決定し、教育業務公表の際に明らかになる。職階の如何に関わらず役職は割り当てられる。昇進を期待する教職者は積極的に主席審査役などに手を上げてもいるようだ。だが、キャンパスをまたぐ大規模な科目になると調整も容易ではない。講師には非常勤があてられることも多い。

チュートリアルだが、だいたい1クラス30人程度である。チュートリアルでは学生間の議論が中心となって進められるのが建前であるが、結局は講師が説明を長くするなどのこともあるようだ。あるいは積極的に手を上げる学生が集中的に発言するということも見聞きする。そのため、静かな学生は発言することがない、ということも漏れ聞く。

そのことに加えて、オーストラリア人の教職者には、「オーストラリア人は議論好き、留学生は寡黙」という認識がある。だが、私自身の経験では、必ずしもそうとは限らない。ある授業中、質問を投げかけて、活発な反応を期待していたが、しんとするばかりであった。その授業はオーストラリア人、とくに白人が中心的な構成だったので意外だった。そのため、なぜ静かであったのかを聞いてみたところ「だって、間違えだったら恥ずかしいから……」とのことだった。

その一方で、留学生であっても、きちんと議論をする場を提供すれば、一生懸命に議論をする。一斉授業の場で、講師の話を停止させて自分の見解を述べるのは、かなり苦労するだろう。だが、仲間同士でわからないことを相談しあい、意見を交換しあうのは、はるかに容易である。そのことについて、教職の立場にある我々が注意深く認識し、機会を提供することが必要なのだ。

科目の評価項目で中心をなすのは、論文（エッセー）である。これはシンガポールでも同様であった。私の経験の限りでは、学部学生であれば1回につき2,000語、修士であれば4,000語ほどの課題を1科目につき2回程度こなすことになる。各学期で何科目取るかは学生に任されているが、3科日から4科目程度が標準であろうか。とにかく、オーストラリア、シンガポール、その他の英語圏の大学では、ひたすら学生に書かせる。その際も、先行文献をきちんと研究し、何が欠けているか（research gap）を指摘させ、方法論を明示し、データに基づいて議論させる。実習先での省察論文（reflective essays）を科目の中間課題として書かせる際も同様である。

その分、採点も大変になる。授業担当が多い学期では、ひたすら採点をし通しということもざらではない。出張などに出ても、移動中も滞在先でも採点ということを何回か経験した。2018年の1学期目では、採点の途中で何本か歯を折ってしまった。別の同僚も歯が折れたそうで、笑いあったことがある。そのため、エッセーの採点では「いかに効率よく行うか」が重要である。

そして、「厳しすぎず、甘すぎず」という採点のバランスをいかに取るかも、腕の見せ所のように思う。オーストラリアなどの大学も、決して学費は安くない。そのため、あまりに辛い評定であると、学生からの不満がふくれあがってしまう。その一方で、学問的な評価はごまかせない。また、国や第三者機関が入ってきて評価が適正かどうかをチェックすることもある（2016年の2学期に経験した）。幾つかの評定結果をピックアップし、適正な採点かどうかをチェックするのだ。そのような中、欧州出身の他学部の同僚は、「授業評価は、あんたの評定にかかっているからな」と学生から脅迫を受けた、とこぼしていた。

ところで、学部・大学院双方の授業を担当していて面白いのは学生の構成が教育段階で大きく異なることである。学部ではオーストラリア人あるいはオーストラリア出身者が中心であるのに対して、修士（教育学：Master of Education）では留学生が大半になる。ある科目では、オーストラリア人は一人あるいはゼロというときもあった。その一方で、教職の卒後資格である修士（教育 : Master for Teaching）では、ほぼ半々というところだろうか。留学生の中でもとくに中国人学生の数は多く、キャンパスでは大半が中国人という印象さえ受ける。

次に、論文指導について述べておこう。オーストラリアでは、複数指導体制が取られており、主席指導教員と共同指導教員が指導に当たる。通常は2名体制だが、テーマなどにより3名体制になることもある。そのため、指導比率も大学に申請することになっており、75%, 50%, 25%などの数値が割り当てられる。また、指導学生数やどの役職で指導するかは学内免状によって業務内容の上限が決められる。そのため、学内の研修を受けて、免状を取得しなくてはいけない。

また、指導学生は就学中に投稿論文を複数執筆、出版することが多い。日本でも、博士の学位を取得する前提として投稿論文を2本出版することが求められることが多い。現職場では、義務がある場合（by publication）とない場合双方ある。近年では by publication に挑戦する学生の数が増えつつあるようだ。ただ、現職場に来て驚いたのは、学生の多くが意欲的に出版している事実である。多い学生の場合は博士課程修了までに7-8本出版するという事例もあった。3-5本の出版は決して珍しくない。大学への就職が苛酷になりつつある現在、どれだけでも出版していて損はないということだろう。

また、執筆義務のない修士課程の学生が4名、一緒に投稿論文を書きたい、と言ってきたことには驚いた。実際、この4名の論文が投稿中である。また、1人の学部生も関心を表明してきた。いずれも、留学生である。

加えて、自主ゼミについて述べておきたい。日本のゼミは、素晴らしい伝統であると思う。複数年にわたり同じ教授と学生が学習しあえる環境というのは、貴重である。ときには直接専攻に関係の無い名著や古典を読むこともあると聞く。当地でもシンガポールでもそのような制度はなく、授業が終わればそれで関係は終わりである。論文指導は個別対応が基本である。そこで現職場では、論文指導の学生を中心に2週に1回のペースで輪読会を行っている。孤立しがちな院生生活を、少しでも知的な交流を通じて良い関係が構築できればと願っている。

なお、こうした教育活動を研究に転化することが、現職場の同僚たちではお家芸の一つになっている。Self-study という研究領域があり、自らの教育実践について考察するというものである。よりよい教師教育を指向するために、何が必要か、何が問題かということを掘り下げて省察するものである。これは、オーストラリアでは現職場が伝統的に牽引しており、論文が数多く出版されている。

4．社会貢献について

社会貢献は、大きく学内業務と学外業務に大別できる。学内業務は、これはいずこも同じである。部門（Office）の業務などがあり、会議や調整、書類の作成などで追われる。部門は教育、研究、大学院生研究支援（Graduate Research）、国際渉外などに関するものがある。この部門の業務については、前述の希望調査で立候補を募ることになっている。総括役は準教授以上のシニア教職者が当たるが、細分化された委員会や職責は、講師や上級講師職も担当している。

これらの部門（Office）に加えて、学生論文審査も学内貢献として計上される。学生論文審査は、世界的には3回のステップを踏むことがほぼ標準のようである。すなわち候補資格承認発表（Confirmation）、中間発表（Mid-candidature）、提出前発表（Pre-submission）である。英国では、提出前発表の代わりに提出後、口頭試問（viva voce）がなされることが多いと聞く。現職場に赴任して以後、かなりの頻度でこれらの審査に駆り出されるようになった。博士課程の院生が多いこともあると同時に、アジアからの留学生も多く、東南アジアの事例を研究する身として声をよくかけられる。

現職場の昇進については、とくに準教授・正教授職ではリーダーシップ経験も重視されると聞く。2018年12月まで、私たちの学部長はJohn Loughranであった。彼は教師の専門力量形成に関する世界的な研究者である。2019年9月現在も、世界的に有力な研究者を新学部長として迎えるべく、募集が続いている。だが、この役職に彼があるとおり、研究のみならずリーダーシップも発揮してきたということだろう。米国では研究職と行政職をかなり明確に分業化するようであり、英国も同様であるようだ。だが、当地では必ずしもそうではないようで、行政職経験もまた人事考課の要諦をなすようである。そう考えて見回してみると、若手研究者としての有望株も、たしかに様々な責任者としての仕事を請け負っている。

次に、学外業務を見てみよう。これは、単純に言えば、国内外の団体・大学との連携業務である。これはかなり広い領域となる。行政当局のための研修事業や、他大学との連携、NGOや国際機関のための諮問業務（consultancy）

なども含まれる。私の場合はベトナムやタイ、インドネシアなどにおいて、ボランティアの諮問業務やNGOでの活動を行ってきており、そうした活動が評価対象になる。

加えて、こうした国際渉外活動を専門とする部門も存在しており、その職員とは密接に連携している。この部門は収入獲得のための機関であるが、同様に他大学との連携協定なども分担している。また、発展途上国との連携の場合は、必ずしも収入獲得に結びつかなくても良いので、活発に連携を促進してほしいと言われている。その代わり、アジア開発銀行やオーストラリア国際開発機構など開発支援などの機構と連携し諮問活動を行うなどして、収入を長期的に獲得しようというアプローチも取りつつある。

それに加えて、国際学術誌の編集者（Editor）や査読者経験、他大学の学生論文査読者なども計上される。以前は他大学の学生論文指導も社会貢献に含まれていた。オーストラリアでは大学をまたがって指導することが認可されている。そのため、自分の持っている専門性が評価され、他大学から共同指導教員として声がかかることがある。ただし、現在は、教育項目として計上されるようになっている。

この社会貢献もいかに論文化するかが同僚たちの懸案事項になっている。研究倫理などの兼ね合いもあり、即、「研究プロジェクトとして認可」ということにはいかないようだ。だが、関係を持ったパートナーと息長く協同研究をしていけば良い。いずれにせよ、あらゆる機会をとらえて論文執筆を企図する同僚たちの雰囲気が伝わればと思う。

5．結びにかえて

以上、駆け足ではあるが、研究と教育、社会貢献の視点からオーストラリアの大学教員の生活について、私の経験から述べてきた。誤解も偏りもあるとは思うが、いささかなりとも、現地の様子を報告できていれば幸いである。

第2部
ニュージーランドの教育

第1章　ニュージーランド

社会と学校教育

福本 みちよ

首都ウェリントンにそびえる国会の代名詞「ビーハイブ」(beehive)。まさにハチの巣だが、国会議事堂にならぶ閣僚の執務室棟だ。

第1節　ニュージーランドの社会的特質

教育はその国の文化に根差すものである。その国の教育を理解しようとした時、当然のことながらその国の文化、歴史、政治といった特徴を理解することが必要となる。本章では、はじめにニュージーランドの社会的特質を概観し、続いて本章以降の各章で論じられる教育的特質の鍵的要素をまとめていく。最後に、ニュージーランドの教育の枠組みとなる学校教育制度を概観し、制度的な特徴についてまとめていく。

1. 高度福祉国家からの脱却がもたらした社会変化

オーストラリアの東、約1,600キロメートルの南太平洋に位置するニュージーランドは、面積が日本の約7割（約27万平方キロメートル）、人口が約490万人（2018年9月現在）の島国である。現在、ニュージーランドは人口急増期にあり、この5年間で約45万人増加している。

ニュージーランドは、1642年にオランダの探検家タスマン（Tasman, A.）により発見され、1769年に初めてこの地に上陸したイギリス人のクック（Cook, J.）により「ニュージーランド」と命名された。その後、イギリスの植民地政策により大量の移民が押し寄せ、1810年代半ばから1830年代にかけて先住民マオリとの間で土地を巡る抗争が激化した。そして、1840年にマオリとイギリスとの間で「ワイタンギ条約」（Treaty of Waitangi）が結ばれ、ニュージーランドはイギリスの植民地となった。それ以降、ニュージーランド経済はイギリスという安定した市場をもとに、牧畜・酪農といった第一次産業を中心に発展していった。

ニュージーランドは、マオリの言語ではアオテアロア（Aotearoa）と呼ばれる。これは「白い雲のたな引く国」という意味であり、ニュージーランドの風土がもつ叙情性や牧歌性を上手く表現している。一方で、「社会改革の実験国」と評されるように、新しいことに挑戦する革新性や柔軟性を同時に合わせもつ国でもある。古くは1893年の世界に先駆けての女性参政権の確立、1891年の世界で2番目となる無拠出年金である「高齢者年金法」（Old Age Pensions Act 1898）の制定、1938年の生活最低限を保障した「社会保障法」（Social Security Act

1938）の制定（これも世界で2番目である）、1975年の「障害者コミュニティ福祉法」（Disabled Persons Community Welfare Act 1975）の制定、さらには1980年代の非核政策の展開など、社会政策分野での様々な取り組みは世界を先導するものとなった。こうした取り組みの背景には、すべてのものが平等に権利と義務を持つ相互扶助の精神に裏付けられた高度福祉国家としての姿があった。

ところが、1970年代に入り様相が変貌した。イギリスのEUへの加盟（1973年）と2度にわたる石油危機（1973, 1979年）は貿易条件の悪化をもたらし、ニュージーランドはそれまでにない厳しい財政難に直面した。これは、それまでの高度福祉国家体制を維持することがもはや限界に達したことを意味した。そして、1984年に成立したロンギ（Lange, D.）率いる第4次労働党内閣はダグラス（Douglas, R.）蔵相を筆頭として、政府経費の大幅削減を最大のねらいとする「ロジャーノミクス」と呼ばれる抜本的な構造改革を断行した。政府経費の大幅削減を最大のねらいとするこの改革では、行政・経済・社会福祉・医療・教育の各分野にわたり、一貫してNPM理論にもとづく市場原理の導入・規制緩和・民営化が図られた。その結果、中央官庁の縮小化による人員削減、政府機関事業の民営化、各種補助金の撤廃、変動相場制への移行、大型消費税（Goods and Services Tax）の導入などが行われた。

高度福祉国家体制から一変して小さな政府を標榜するという、高度福祉国家からの脱却がもたらした社会変化は、当然のことながら教育の在り方にも大きな変革のうねりをもたらした（詳細については次節参照）。

2.　多民族国家としての文化形成

ニュージーランドは、ヨーロッパ系民族をはじめとして、マオリ、太平洋島嶼系民族（サモア、クックアイランド、トンガなど）、アジア系移民といった多様な民族から構成される多民族国家である。2013年の国勢調査によれば、全人口の主要民族別割合は**表2-1-1**のようになっている。

人口の約7割がヨーロッパ系民族で、残りがマオリ、太平洋島嶼系民族、アジア系民族等で構成されているニュージーランドでは、主要言語は英語であるが、「1987年マオリ語法」（Maori Language Act 1987）の制定によりマオリ語も公用語として認められている。官公庁名や政府刊行物のほとんどが英語とマ

表 2-1-1　民族別人口割合　（2013 年）

	（人）	（%）
ヨーロッパ系民族	2,969,391	74.0
マオリ	598,605	14.9
太平洋島嶼民	295,944	7.4
アジア系民族	471,711	11.8
中東／ラテンアメリカ／アフリカ系民族	46,953	1.2
その他	67,752	1.7

出典：http://www.stats.govt.nz/　をもとに作成。

オリ語の併記となっているのは、ニュージーランド文化の一つの象徴と言えよう。ちなみに、第三の公用語として2006年4月にはニュージーランド手話が正式に公用語に加わっている。

こうした多民族国家としての文化形成は、教育分野においても教育政策、教育制度、教育内容すべてと連動している。例えばマオリに対する教育を見てみると、マオリ社会が持つ独特な社会集団性（マオリ社会は、家族以外にファナウ（whanau：拡大家族）、ハプ（hapu：準部族）、イウィ（iwi：部族）という社会集団から構成される）は重要な意味を持ち、例えば学校において教育活動を展開するにあたっては、こうしたマオリ社会に対する理解とパートナーシップの形成が求められる（ニュージーランドにおける多文化教育については、第3章参照）。

第2節　ニュージーランドの教育的特質

前節で述べた社会的特質が、ニュージーランドの教育にどのような特質を付与しているのか。この観点からニュージーランドの教育的特質を指摘するとすれば、第一に高度福祉国家からの脱却をもたらした1980年代後半の行政改革に連動する形で展開された教育改革、いわゆる「明日の学校改革」(Tomorrow's Reform) によりもたらされた自律的学校経営システムの導入が挙げられよう。地域・保護者の学校経営への参画と、アカウンタビリティの確保の観点からの学校評価、さらにはそれを支える学校支援がセットとなって自律的学校経営システムを形成している。

第二に、主として2000年以降現在に至るまで教育政策の核として展開されている、いわゆる学力向上政策が指摘できよう。OECDの教育改革動向と軌を一にしながら展開されている学力向上政策は、「生徒の学習到達度の向上」を最優先課題として、エビデンスにもとづく教育改善を重視している点に一つの特徴を見出すことができる。

第三に、多民族国家としての多文化教育である。それぞれの民族がもつ多様な文化的価値観を維持しつつ、いかに統一的社会を発展させていくかは、多民族国家が抱える共通課題である（この点については、第3章参照）。以下、本節では第一・第二の特質について概説していく。

1. 「明日の学校改革」による教育改革の展開－自律的学校経営システムの導入

(1) 1980年代までの教育行政システム－地方分権から中央集権への転換

イギリスの植民地となったニュージーランドは、1852年に自治領へと移行し独自の政府を樹立した。全土は六つの州に分割され、各州に州政府が設置された。このうち主要な五つの州政府（オークランド、ウェリントン、ネルソン、カンタベリー、オタゴ）が、1871年までに州教育委員会（board of education）を設置し、独自のシステムにおいて教育行政に関する権限（学校の設置や補助金の配分、学区の設定、各地域に設置された委員会［local committee］の委員の指名など）を有した。さらに、州教育委員会には視学官（inspector）が配置され、各学校の教員やカリキュラムの管理にあたった。こうして、州教育委員会を軸とした地方分権的教育行政制度が築かれた。

しかしこの制度は、1876年の州政府制度の廃止により一変する。具体的には、「1876年教育委員会法（Education Board Act 1876）」、および「義務・無償・世俗」の初等教育制度を導入した初の全国的教育法である「1877年教育法（Education Act 1877）」の制定により、中央に教育省（Department of Education）を設置し、その下に全国共通の教育委員会制度を構築（全国10か所）、さらには地域ごとの委員会を設置した。こうして、「教育省（中央段階）－教育委員会（地方段階）－地域の委員会（学校段階）」という三層構造による新たな中央集権的教育行政制度が確立された。

⑵ 1980年代後半の「明日の学校改革」のねらい

第1節にて論じたように、イギリスのEU加盟や二度にわたる石油危機による貿易条件の悪化は、ニュージーランドに厳しい財政難をもたらした。政府は膨大な財政赤字を抱え、それまでの手厚い福祉国家体制を維持することはもはや限界に達していた。そして、1984年にロンギ労働党政権が誕生し、ロンギはダグラス蔵相とともにそれまでの政治・経済・社会構造を大きく変革させる構造改革を断行した。これを転機として、ニュージーランド社会は大きな変貌を遂げることとなる。

1984年に始まった諸改革の最大のねらいは、国家支出の大幅削減にあり、政府は徹底して「手厚い福祉国家」から「小さな政府」への大変革を断行した。行政・経済・社会福祉・医療・教育の各分野にわたる諸改革では、一貫して規制緩和による市場原理の導入が図られ、政府事業の民営化も行われた。この諸改革では、行政サービスを政府と国民との間の「契約」(contract)としてとらえ、契約関係の効率化・透明化が重視された。この考え方は、政府と国民の関係は契約にもとづくサービスの提供者と消費者の関係であり、あくまでも政府は国民のニーズに根ざしたサービスを提供し、余計な介入は一切しない、というものであった。同時に、行政サービスには常に投資に見合った成果とアカウンタビリティが求められた。この改革原理は、1988年の教育行政調査委員会(Taskforce to Review Education Administration)による報告書『卓越した管理(*Administering for Excellence*)』、いわゆる「ピコット報告」、そして「ピコット報告」をもとに作成された政策文書『明日の学校(*Tomorrow's Schools*)』にもとづく教育改革、いわゆる「明日の学校改革」においても徹底して貫かれた。

「明日の学校改革」は、『明日の学校』をもとにして策定された「1989年教育法(Education Act 1989)」により具現化されていった。改革の柱は、教育省を中心とする従来の三層構造による中央集権的教育行政制度から、個々の学校が大幅な意思決定権を有する学校分権化に力点を置いた教育制度への転換にあった。これにより、第一にそれまで中央集権的教育行政制度の中枢にあった教育省が機能別に分割・縮小された。第二に、100年以上続いた教育委員会制度が廃止され、代わって公立の全初等・中等学校に保護者代表を中心に構成される学校理事会（BOT）が設置され、教育行政に関する大幅な諸権限を有することとなった。第三に、規制・監査業務を担う第三者機関として「教育機関評価局（ERO）」が設置され、学校およびBOTの業績評価が制度化された。

このように、1980年代後半のニュージーランドにおける教育改革は、国全体の抜本的経済改革、行政改革と相俟ってまさに教育分野における根本からのガバナンス改革をもたらした。ここでいうガバナンス改革とは、多元的なアクターによる社会･経済的調整のあり方、すなわち「政府機構、市民経済、市民社会のあり方を問い返し、それらの役割を再規定し、さまざまなセクターの協働により、社会経済における自律的な問題解決領域を増やそうとする考え」（山本・難波・森、2008：iii）である。この改革は、それまでの過度とも言われる教育省を中心とする中央集権的教育行政体制から脱却し、学校の自律性を核とした、学校を中心とするさまざまなセクターの協働による新たなガバナンス構造を生み出したのである。

⑶学校理事会を核とする自律的学校経営システムの導入

消費者のニーズにあったサービスを提供するというNPM理論を基盤とする「明日の学校改革」の原理に則り、学校での教育計画決定段階に直接保護者や地域住民が参加することにより、学校の教育活動に対して保護者や地域の教育要求を最大限反映させるという考え方を具現化したのが、「学校理事会（BOT）制度」である。「1989年教育法」第7章および第9章は、BOTの組織や機能、責務などについて規定しており、BOTは学校経営に関する法定機関として位置づけられている。BOTは、学校経営に関する最高管理機関としてすべての公立（state school）初等・中等学校および統合学校（integrated school）に設置が義務づけられている（ただし、一つのBOTが複数の学校の管理機関となる場合もある）。

各BOTは、①保護者代表3～7名、②校長、③教職員代表1名、④生徒代表1名（中等学校のみ）、⑤共同選出による代表（保護者代表の数を超えない範囲）、⑥統合学校の場合は経営者4名以内、により構成される。BOTの責務としては、学校予算の立案・運用、校長・教員の任免、カリキュラム編成に関する事項、地域との連携促進活動などがあり、これら学校経営全般にわたるすべての事項はBOTの全体会議において審議・決定される。なお、校長評価もBOTの重要な責務の一つである。

このように、BOTは校長に対する助言機関や補助機関としてではなく、学校経営主体として位置づけられるものである。また同時に、BOT制度が教育委員会制度の廃止を背景に創設されていることから、改革後の教育行政システムにおいてBOTは教育行政機関の末端組織としての機能も果たしている。このようにして、BOTを核とする自律的学校経営システムが導入され、以後このシステムが継続されている。

2. エビデンスにもとづく「生徒の学習到達度の向上」のための政策展開

いわゆるPISAショックを背景に、二つの主要な教育政策の導入、すなわち2007年の初等中等教育段階用ナショナル・カリキュラム「ニュージーランド・カリキュラム」(New Zealand Curriculum) の改訂によるキー・コンピテンシーの導入と、2010年の初等教育段階における基礎学力の到達目標を示した「ナショナル・スタンダード」(National Standards) の導入により、抜本的な教育課程観の変革が図られ、生徒の学習達成度の向上に向けた取り組みが全国的に強力に推進された。

この教育政策の方向性を確固たるものとするために、生徒に関わるエビデンスをとらえ、いかに学校改善につなげていくかという点が重要視された。ここで言う「エビデンス」は、教育省の文書において①生徒の学術的・社会的成果と行動・態度の因果関係の分析結果、②成績評価、教員による観察、生徒の作成物のサンプル、生徒・家族・ファナウの声などをもとに集められた生徒の学習達成の進捗状況に関するデータと情報、③学校外での生徒に関する情報、および生徒の社会活動に関する情報を組み合わせたものと定義されている (Hipkins, Wylie, 2007：3)。

重要なことは、いかに信頼性の高いエビデンスを見出し、それを実践においてどのように効果的に活用するかであり、同時にいかに「研究－政策－実践」をつなげていくかということであった。そこで教育省が力を入れた政策の一つが、「ベスト・エビデンス統合プログラム」(BES) であった。2004年に始まったBESプログラムは、スクールリーダー、専門的職能発達のための研修プログラムの提供者、教員養成に携わる者を対象に、教授活動・学校文化・専門的職能発達・生徒のパフォーマンスが向上した実践的好事例を提供するものである。エビデンスをもとに学校の状況を分析し、そこから学校の生み出す成果と課題を分析する力量の形成が、このBESプログラムの活用により期待された。

3．政権交代による教育政策の転換と学校ガバナンス改革に向けた動き

2017年9月の総選挙で、ニュージーランド最大野党であった労働党が9年ぶりに政権を奪回した。これを契機に新政権は、前述の「明日の学校改革」について徹底した成果検証を行い、それをもとにした教育制度全般にわたる大改革（Education Work Programme）に着手している。中でも学校ガバナンス改革を企図したTomorrow's Schools Reviewと呼ばれる学校制度改革は、「明日の学校改革」以来、約30年ぶりの抜本的な方向転換をもたらすと見られ、ニュージーランドの学校教育史上、重要なターニングポイントになることは間違いない。この改革を先導する検証チームによる最終報告書『学校教育の未来』（*Our Schooling Futures: Stronger Together*）が2018年12月に出され、2019年4月を目途にパブリックコメントが集められ、その後それらを踏まえ、制度改革に向けた具体的な教育政策が立案されていく。

報告書は8つの項目（①学校ガバナンス、②学校制度に関する規定、③競争と選択、④学習上の障害と学習支援、⑤教授活動、⑥学校リーダーシップ、⑦教育資源、⑧教育行政機関）について、改革の方向性を提言している（Tomorrow's Schools Independent Taskforce, 2018: 12-21）。報告書の主張の背景には、生徒の社会的経済的民族的相違に起因する教育格差の拡大という深刻な社会的課題があり、その打開策として学校教育における文化的・構造的変革は不可欠であるとしている。今後、どのような方向に改革がシフトしていくか注視したい。

第3節　ニュージーランドの学校教育制度

これまで述べてきたニュージーランドの社会的・教育的特質をふまえた上で、以下、ニュージーランドの教育の枠組みとして、学校教育制度、教育行

政制度、教員養成制度について概観していく。

1. 学校教育制度

ニュージーランドでは、すべての国民(留学生を除く)が5歳の誕生日から19歳の誕生日後の1月1日まで、すべての公立学校において無償で教育を受けることが保障されている(1989年教育法3条)。このうち義務教育は6歳から16歳までの11年間であるが、5歳の誕生日を過ぎれば学校(第0学年)に入学することができ、ほとんどの子どもが5歳で就学している。8年間(第1学年〜第8学年)の初等教育(初等学校(primary school)、もしくは初等学校6年間と中間学校(intermediate school)2年間)を終え、5年間(第9学年〜第13学年)の中等学校(secondary school)に進むのが一般的である。2018年現在、初等・中等教育にかかわる学校(初等学校、中高一貫校(composite school)、中間学校、中等学校、通信制学校(correspondence school)、特殊学校(special school)の総数は2,531校で、全生徒数は約808,000人、全教員数が約60,000人となっている。特に初等教育においては小規模校が多く、公立初等学校の約3割が全校生徒数50人以下の学校である。

学校のほとんどが公立学校(state school)で、私立学校は全体の3%程度である。通常の学校教育以外にも、保護者や保護者が雇用する者が自宅で子どもを教育するホームスクーリング(homeschooling)が認められている。ホームスクーリングを希望する場合、保護者は教育省(Ministry of Education)の認可を受け、自宅で子どもを教育する。その際、教材の購入などに対する補助金を受けることができる。義務教育期間すべてをホームスクーリングで過ごす場合もあれば、数年だけホームスクーリングを受け、その後学校に入ることもできる。2017年のホームスクーリングによる学習者は約6,000人となっている(各数値については、NZ統計局ウェブサイト(https://www.educationcounts.govt.nz/)による)。この他、マオリの言語・文化維持の目的から設立された、すべての教育活動をマオリ語で行う学校(kura tuatahi、wharekuraなど)もある。

2. 教育行政制度

⑴教育に関する基本原理

教育全般に関する根本規定は、「1989年教育法」である。そして、教育全体の質保証の観点からその土台となるのが、同法60A条において規定されている「全国教育指針」である。これは、「全国教育目標」、「教授活動・学習活動・評価に関する基本方針」、「ナショナル・カリキュラム」「全国学校経営指針」という四つの観点から構成されており、全国すべての学校において遵守されなければならない指針である(**図2-1-1**)。このうち、「全国教育目標」の具体的内容は**表2-1-2**の通りとなっている。

全国教育指針（Naitonal Education Guidelines）			
全国教育目標 National Education Goals	教授活動・学習活動・評価に関する基本方針 Foundation curriculum policy statements	ナショナル・カリキュラム National curriculum statements	全国学校経営指針 National Administration Guidelines

図2-1-1　「全国教育指針」の構成要素

表2-1-2　全国教育目標

1. すべての生徒が個人としての自身の潜在的能力を認識し、ニュージーランド社会の形成者となるために必要とされる価値観を発展させること。
2. すべてのニュージーランド国民に対して教育機会の均等を保証し、その障害となるものを確認し、排除すること。
3. 現代の変化し続ける社会においてニュージーランド国民として成功するために必要な知識、力、技術を修得し発展させること。
4. 子どもの最初の教師として不可欠な役割を有する保護者への支援を含めた様々なプログラムを通じて、将来の学習や達成に向けた早い段階での健全な土台を形成すること。
5. 本質的学習領域を網羅したバランスの取れたカリキュラムを通して、幅広い教育を提供すること。特に、読み書きの基礎学力、科学技術、身体的活動における高度な能力(知識および技術)が重視されなければならない。
6. 明確な学習目標の確立、それらの目標に対する生徒の活動の観察、一人ひとりの生徒のニーズに見合った教育活動を通して、高い成果を挙げること。
7. 特別なニーズをもつ子どもたちが適切な支援を受け、学習を達成させること。
8. 国内外に認知された資格制度への生徒のアクセスを高め、ニュージーランドにおける中等教育後教育への参加を助長する。
9. ワイタンギ条約の理念をふまえたマオリ語教育を含めたマオリ教育の助長を通じて、マオリの教育参加および教育成果を向上させること。
10. マオリの独特の地位、国際社会の一員としての太平洋におけるニュージーランドの役割をふまえ、ニュージーランド国民の多様な民族的文化的遺産を尊重すること。

⑵教育行政制度

現行の教育行政制度は「1989年教育法」の制定により発足し、その後幾度かの改革を経て現在に至っている（**図2-1-2**）。その特徴は、改革以前に教育省（Department of Education）と学校との間にあった教育委員会が廃止され制度が単純化されたことと、教育省に集中していた権限が新たに設置された諸機関に分散されたことにある。図2-1-2を見てわかるように、教育省とその他の教育行政関係機関が同列の位置におかれていることが注目される。

①教育省（Ministry of Education）

教育行政に関する全般的な権限を有していた改革以前の教育省とは異なり、改革後の教育省の任務は政策立案、政策実施過程の監督、および効果的な財源配分とその運用に関する助言に集約されている。その他の権限は、エージェンシー方式により他の関係機関に分散されている。

＜主要教育行政機関（Key Education Agencies）＞

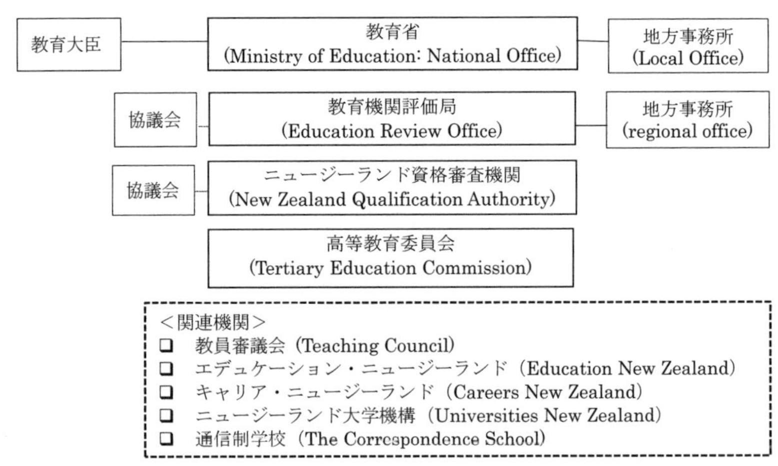

図2-1-2　ニュージーランドの教育行政機構図

Ministry of Education (2015) New Zealand Education System Overviewをもとに作成。

②教育機関評価局（Education Review Office: ERO）

ERO は、教育機関の第三者評価を行う専門機関として「1989 年教育法」により教育省から独立した形で設置された。ERO による第三者評価は、「生徒に対する教育の質の改善に寄与すること」および「学校レベルにおいては学校が、また全国レベルでは政府の政策立案者が、よりよい政策決定を行うのに貢献すること」を主たる目的としている。また ERO は、就学前教育機関および初等・中等教育機関以外の教育関連機関の第三者評価も行っている。さらに、教育制度全体に関わる全国的な事柄（例えば、教員問題、マイノリティに対する教育、言語教育、学校選択など）に関する研究・調査も実施しており、こうした活動を通じてニュージーランドの教育水準に関する情報、および教育政策に対する助言を提供している。

③ニュージーランド資格審査機関（New Zealand Qualification Authority: NZQA）

NZQA は、学術および職業に関する資格枠組み（NQF）を設定・開発し、その水準を定期的に評価する任務を担っている。後期中等教育段階での全国資格認定試験（NCEA）に関する業務も、NZQA の主要な業務である。資格取得に関わる教育プログラムの提供者は、必ず NZQA の認可が必要となる。

④高等教育委員会（Tertiary Education Commission：TEC）

TEC は、政府とともに高等教育に関する政策開発および実施を促進する役割を担っている。大学、ポリテクニク、ワナガ、私立高等教育訓練機関、職業訓練機関、成人・コミュニティ教育提供者などへの高等教育および職業訓練に関する教育費の配分に関して責任を有している。加えて、高等教育機関の自律的経営および自己改善を支援する機能も有している。

3. 教員養成制度

⑴多様な教員養成

ニュージーランドの教員養成は、1990 年代までは小規模な教員養成カレッジ（college of education）において専門的に行われていたが、現在は多くの教育機関が多様な資格取得コースを開設し教員養成を実施するようになった。

教員養成プログラム（Initial Teacher Education programme）は、就学前教育段階、マオリ語による教育機関、初等教育段階、中等教育段階に分かれて実施されている。中等教育を修了してそのまま大学に進学する入学者だけでなく、社会人経験を有する他職からの転職希望者など、より幅広い入学者を想定したシステム設計がなされており、全日制、定時制、E-learning による学習、大学キャンパスでの学習といった様々な学習形態を選択することができる。養成期間も、基本的に学部卒の資格を得て教職に就く場合は 3 〜 4 年間となるが、就学前教育段階については 3 年間となり、また全国統一資格レベル７以上の資格を有していれば 1 年間で資格を取得することもできる。

現在、25 の教員養成機関が 156 の認証された教員養成プログラムを開講している。例えばオークランド大学教育・社会福祉学部では、初等学校教員養成プログラムとして①第 8 学年までの初等学校教員養成コース、②第 8 学年までのマオリ語による学校教員養成コース、③学部卒資格を持つ学生のための教員養成コースの 3 コースを設定している。

すべての教員養成プログラムは、ニュージーランド教員審議会（TC）により認証評価を受けることになっている。認証後も、初認証から 3 年間は毎年モニタリングが行われ、さらに 6 年経ったところで訪問調査が実施される。また、年次報告書は毎年 TC に提出しなければならない。

このようにして教員養成プログラムの質の確保に努めているわけだが、やはり課題も残り、質の向上に向けて教員養成の大学院修士レベルへの引き上げや、教員の専門職スタンダードに対応できる教員養成の在り方が模索されている。

⑵教員の資質・能力スタンダードによる質保証

ニュージーランドでは教育行政に関する権限を地方自治体が有していないため、日本のような統一的な教員採用試験があるわけではなく、採用は各学校に一任されている。こうしたシステムにおいては、いかに教員の資質管理を行うかが教育全体の質の確保の鍵となる。そこでニュージーランドで実施されているのが、教員登録制度と教員に求められる資質能力に関する基準（スタンダード）の明確化による質保証である。

①教員登録制度

ニュージーランドでは、日本のような教員免許制度は設けられておらず、代わってTCが管理する「教員登録制度」（Teacher Registration）が運用されている。養成段階を修了した後、実際に教職に就くためには「教員登録」を行う。教員登録は3種類に区分されており、①暫定的登録教員（Provisional Registration）②要承認登録教員（Subject to Confirmation）③完全登録教員（Full Registration）となっている。養成段階修了後、初めて教員登録をする場合は上記①となり、いわゆる仮登録教員として学校に勤務する。暫定的登録教員は週12.5時間以上、2年以上の経験を積むと、正式に有資格教員である上記③として登録申請することができる。なお、上記②はかつて完全登録教員であったが、何らかの理由で教職に就いていない者が再度教職に就く際の登録カテゴリーである。

教員登録に必要な手続きが完了するということは、「教員登録に必要な要件を満たし、ニュージーランドの教育制度内において教職に就くことが法的に可能である」と証明されたことを意味し、TCから教員就労許可書（Practicing Certificate）が発行される。教員就労証明書には有効期限が設けられており、登録の種類によって違いがあるが概ね3年間で更新が必要となる。当然のことながら、更新に当たっては教員としての適性が審査されることになる。

②教職全体に求められる責務と基準

上記の教員登録制度に関する管理業務を行う機関として「1989年教育法」により設置された「教員登録委員会」（Teacher Registration Board）は、2001年に教職の専門性・リーダーシップの向上に資する専門機関として「教員審議会」（Teachers Council：TC）へと再編された。さらに2015年には「教育審議会」（Education Council）へと改組され、これを機に教員の資質能力の向上に向けた積極的な教員政策が展開され始める（なお、Education Councilは2018年9月にTeaching Councilへと再改組された）。

その目玉となったことが、教員に求められる資質能力に関する基準の抜本的見直しである。従来、「養成段階用」（Graduating Teacher Standards）および「教員登録更新時用」(Practicing Teacher Criteria、同時に教員評価基準としても活用される)各々に設定されていた資質能力に関する基準が一本化され、2017年6月に新たな基準として「教職に関する専門的責務と基準」(Our Code, Our Standard: Code of Professional Responsibility and Standards for the Teaching Profession)が策定された(完全実施は2019年7月)。また、スクールリーダー養成に関する政策にも大きな変化が見られ、従来の「管理職志望者」「経験歴の浅い校長」に焦点化したスクールリーダー養成から、「すべての教員がリーダーシップ能力を高める機会を得られる環境整備」に力点を置いた政策(The Leadership Strategy for the teaching profession of Aotearoa New Zealand)への転換が図られている。この政策に基づき策定されたリーダーシップ能力に関する新たな枠組み(Educational Leadership Capability Framework)は、学校現場での教員評価や学校支援機関等が提供する教員研修プログラムにおいても基準の一つとして機能し始めている。

③「専門職スタンダード」

現職教員の職層等に求められる資質能力に関する基準が、「専門職スタンダード」(Professional Standards)である。すべての公立学校および統合学校には、校長および教員のパフォーマンス・マネジメント(Performance Management：PM)が義務づけられている。学校全体のPMについては、学校理事会(BOT)が責任を負うが、個々の教員のPMについては校長がBOTから委任され行われる。PMを行うなかで、校長は「専門職スタンダード」にもとづいた教員評価を行う。学校における教員評価は、単なる「評定」として機能するだけではなく、教員の潜在的能力を引出し、職能発達と結びつけることで教授活動の質を高めることを目的としている。各学校における教員の資質向上計画は、各学校に設定が義務付けられている「チャーター」(教育方針等を明記したもの)に明記することになっており、そのためにも「専門職スタンダード」にもとづく教員評価は重要な意味をもつものと言える。

「専門職スタンダード」は、校長用、副校長用、教員用が各々校種別に設定されており、教員用は①新人一般教員用(Beginning Teachers、教員になって2年目までの新人教員用)、②登録教員用(Fully Certificated Teachers、3～5年目の登録教員用)、③熟練一般教員用(Experienced Teachers、学級経営レベルにおいては優秀であることが3回以上認証された一般教員用）に分かれて設定されている。

一例として、中等学校教員用「専門職スタンダード」の内容を見てみると、スタンダードは9領域から構成されており、①専門的知識、②職能開発、③教授技術、④生徒管理、⑤生徒のモチベーション向上、⑥マオリ文化・慣習に対する理解、⑦効果的なコミュニケーション、⑧同僚との協働関係の構築、⑨幅広い学校活動への参画、となっている。スタンダードは数値化されているわけではなく、文章により具体的にそれぞれの領域において求められる資質能力が明記されている。例えば⑦の「効果的なコミュニケーション」については、「生徒、その家族やファナウ（マオリ語で「拡大家族」）、世話人等との効果的なコミュニケーションの確立」「生徒の進捗状況についての的確な報告」「同僚との情報の共有」といった内容についての資質能力が明記されている（Ministry of Education 2010：89-90）。

副校長や主任クラスの教員については、この一般教員用「専門職スタンダード」に「リーダーシップ」や「マネジメント」といった領域を加えたものが設定されている。

こうした基準が明確に示されているため、例えば教員養成段階修了直後の教職志望者であっても、教員としてどのような時期にいかなる力量が求められるのかを具体的に把握することができる点が一つの特徴と言えよう。

【参考文献】

- 青柳まちこ編著（2008）『ニュージーランドを知るための63章』明石書店.
- 小松隆二（1996）『ニュージーランド社会誌』論創社.
- 山本隆・難波利光・森裕亮（2008）『ローカルガバナンスと現代行財政』ミネルヴァ書房.
- Education Council（2018）*The Leadership Strategy for the teaching profession of Aotearoa New Zealand: Enabling every teacher to develop their leadership capability.*
- Education Council（2017）*Our Code Our Standards: Code of Professional Responsibility and Standards for the Teaching Profession.*
- Hipkins, R., Wylie, C.（2007）, *School planning and reporting in action: the early years of the new framework*, New Zealand Council for Educational Research.
- Ministry of Education（2017）, *New Zealand Schools 2017*, Ministry of Education.
- Tomorrow's Schools Independent Taskforce（2018）, *Our Schooling Futures: Stronger Together,*

Ministry of Education.

第2章　ニュージーランド

カリキュラムと学力

高橋 望

ニュージーランドの学校の授業風景。

第1節　ナショナル・カリキュラムの展開と特色

1．ナショナル・カリキュラムの展開

1980年代のカリキュラム改革は、これまでのカリキュラムのあり方を見直すものであり、大幅な変更を導いた。続けて発表された三つの報告書は、これまでのカリキュラムの総点検を行い、これからのニュージーランド社会が子どもたちに何を学ばせ、身につけさせることを求めているのかを検討するものであった。とりわけ、『カリキュラム・レビュー（The Curriculum Review）（1987年）』は広く国民全体からのパブリック・コメントを集約したものであり、校長、教職員だけでなく、保護者や子ども自身からの意見も検討対象とされるなど、その後のカリキュラムの方向性に大きな影響を与えたとされている。

こうした過程を経て1993年に発表されたのが、『ニュージーランドのカリキュラム枠組み（The New Zealand Curriculum Framework）』である。1～13年生を対象とし、七つの学習領域と八つの身につけるべき能力（コミュニケーション能力〔Communication Skills〕／数量的思考能力〔Numeracy Skills〕／情報能力〔Information Skills〕／問題解決能力〔Problem-solving Skills〕／自己管理と競争的な能力〔Self-management and Competitive Skills〕／社会的で協力的な能力〔Social and Co-operative Skills〕／身体的能力〔Physical Skills〕／仕事と学習の能力〔Work and Study Skills〕）から構成されている。この新しいカリキュラムの導入を機に、これまで教育段階ごとに発表されていたカリキュラムが統一され、かつ学年表記も1年生から13年生へと改められ、初等教育から中等教育への児童・生徒の学びの過程を重視し、一貫性、継続性を考慮した形へと変更された。

2000年代に入ると、カリキュラムの弱みが指摘されるようになり、再度カリキュラム改訂の必要性が叫ばれるようになる。例えば、カリキュラムが示す達成目標が複雑で現場の教員が十分にそれらを理解できていないこと、一方で、各教員は達成目標を全て網羅しなければならないことにプレッシャーを感じていることが報告されている。また、現場の教員にとって、身につけさせるべき八つの能力と達成目標を関連させた学習プログラムを設定することが困難であること、学習プログラムの評価が複雑化し労働過多を引き起こしていることが主張されている。

教育省は検討委員会を設置し、カリキュラムの問題点を整理し、改訂の検討を開始する。ワイカト大学の調査チームによって実際にカリキュラムを運用する現場の教員の声を集約し、検討材料としながら、2006年に新しいカリキュラムの草案が発表される。その後、草案に対するパブリック・コメントを集約・反映させ、2007年、『ニュージーランドのカリキュラム（The New Zealand Curriculum）』が発表される。現在も使用されている同カリキュラムは、八つの身につけるべき能力に代わって「キー・コンピテンシー（Key Competencies）」の概念が導入されるなど、新たな展開を確認することができる。

2. ナショナル・カリキュラムの構成と特色

現行カリキュラムの構成は**図 2-2-1** で示す通りである。1993年版との比較から考察すると、まず「ビジョン（Vision）」が加わったことが指摘できる。ビジョンとは、ニュージーランド社会が子どもたちに何を求めているのか、子どもたちが学校教育を修了するまでに何を身につけてほしいかを示したものである。「積極的であること（Confident）」、「他者との関係性を構築すること（Connected）」、「社会に貢献すること（Actively involved）」、「常に学び続けること（Lifelong learners）」が掲げられている。次に、1993年版では七つあった学習領域が八つに変更されている。

また、1993年版に示されていた八つの身につけるべき能力を、「考察」、「言語、記号、テキストの活用」、「自己管理」、「他者との関係」、「参加と貢献」の五つのキー・コンピテンシーとして改編・導入したことが指摘できる。これは、OECDによるキー・コンピテンシー研究を踏まえ、ニュージーランド版として適用したものと言える。

加えて、「価値」「原則」が掲げられているが、各学校は、ビジョンを実現するために、原則を踏まえ、価値やキー・コンピテンシーの要素を組み込んだ八つの学習領域のカリキュラムを、学校実態に即して設定していくことが求められるのである。

ナショナル・カリキュラムでは、八つの学習領域それぞれについて、8レベルが示されている。そして、**図 2-2-2** で示すように、各学年に対応するレベルが明示され、8レベルで示された身につけるべき事項をいつ頃学習する

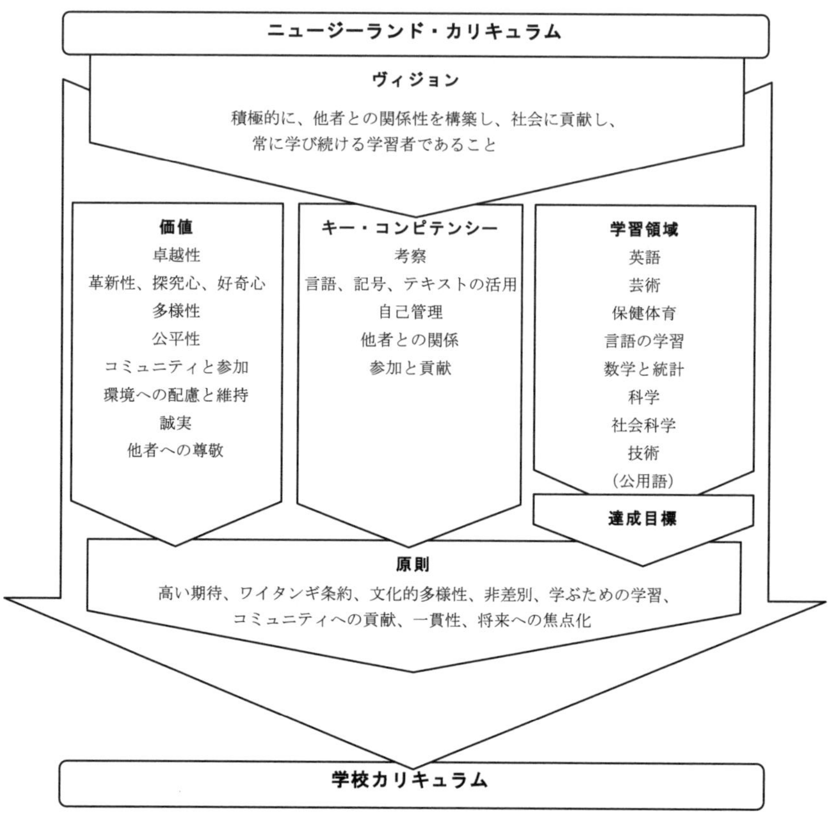

図 2-2-1　カリキュラムの構成

出所：Ministry of Education, The New Zealand Curriculum, 2007, p.7. より筆者作成。

べきかについて明示されている。

しかし、学習領域、各レベルで提示されているのは、求められ、身につけるべき能力や技術であり、教えるべき具体的な内容ではない。すなわち、ナショナル・カリキュラムで示されているのは、当該学年や該当レベルの児童・生徒が身につけることが求められる能力や技術のみであり、各学校は、ナショナル・カリキュラムをもとに、学校独自のカリキュラムを作成することが求められる。それらの能力や技術を身につけさせるための具体的な内容や方法は、個々の教員に委ねられている。各教員は、ナショナル・カリキュラムを

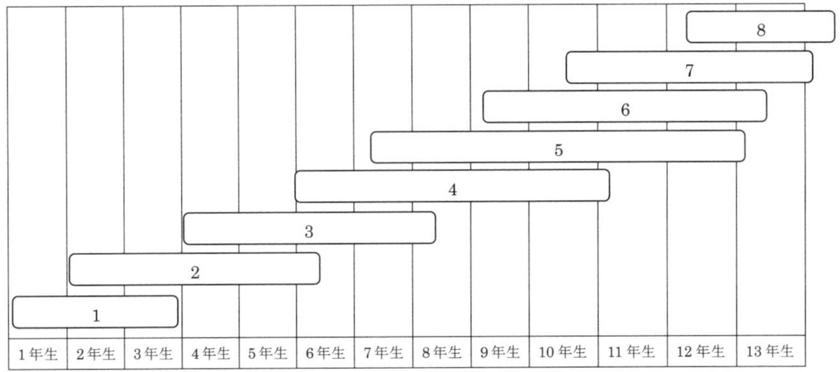

図 2-2-2　学年とカリキュラムレベルの関連

出所：Ministry of Education, The New Zealand Curriculum, 2007, p.45. より筆者作成。

基盤とする学校教育カリキュラムをもとに、授業を創ることとなる。ニュージーランドでは、授業内容、授業構成、教材に至るまで、全て教員に裁量が与えられている。ナショナル・カリキュラムをどう解釈し、いかに発展させ、何をどのように教え、児童・生徒に求められる能力や技術を習得させていくのか、教員の専門職性が尊重されている。そのため、授業を創るには、同僚教員とのアイディアや教材の共有、学校外で開催される研修会への参加が重要な意味を持っている。多くの教材がストックされている部屋を確認することができるのはどの学校も共通することであり、また、職員室には多様な研修会の案内が掲示されている。

第2節　ナショナル・スタンダードの影響とその展開

1. ナショナル・スタンダードの導入と概要

ナショナル・スタンダードは、2008年の総選挙において国民党のマニュフェストに掲げられた。労働党から政権を奪った国民党政府は、以降その導入を図っていく。2009年に各学校へと周知され、2010年から段階的に導入されていった。

ナショナル・スタンダードは、1～8年生（初等教育）を対象に、算数

(mathematics)、読み(reading)、書き(writing)の3分野から構成される。それは、各学年で児童が身につけるべき事項が示されたものであり、ナショナル・カリキュラムと関連を持った形で提供されている。すなわち、既述の通り、ナショナル・カリキュラムは1～13年生を対象にレベル1～8の範囲で提示されているが、ナショナル・スタンダードはそれを学年ごとに明確化し、各学年で身につけるべき事項を明示していると捉えることができる。例えば、1年生の算数のスタンダードでは、1年生において身につけるべき事項が、イラストや図表とともに、指導方法や指導上の留意点等も含めて示されている。

こうしたナショナル・スタンダードが導入された背景には、児童の学習達成度に差が生じている状況が挙げられる。PISA等の国際学力調査においては比較的良い結果を収めている一方で、学習達成度の低い児童の存在が多いこと、とりわけ、ヨーロッパ系と先住民族マオリ等の児童間の学習達成度の差が大きいこと、また、5人に1人の割合で、学校教育において十分な能力・技術を習得することができず、無資格で学校を離れることとなっている現状が指摘されている(Ministry of Education, 2009)。上位層と下位層の差を埋め、児童の学習達成度の向上を図っていくことが国民党政府に課せられた使命とも言うことができ、ナショナル・スタンダードを導入した目的のうちの一つとしても認識できる。2007年当時、国民党党首であり後に首相を務めたキー(Key, J.)は、ナショナル・スタンダードについて、各学年の終わりまでに全ての児童が身につけることを期待される学習達成度を示し、ベンチマークにもなりうるものであり、児童の学習達成度の改善と向上に貢献するものであるとその導入意図を語っている(Thrupp, 2010)。

ナショナル・スタンダードの特徴として、以下の2点を挙げることができる。

第一に、ナショナル・カリキュラムとの関連から、教員や学校に対して、当該学年において児童がいかなる事項をどの程度身につければよいのかを明確にすることである。児童に期待される学習達成度が示されたナショナル・スタンダードは、教員にとって何を教授すればよいのかについての指針となり、同時に、児童自身の理解度を判断する基準を提供することとなる。教員は、ナショナル・スタンダードを判断基準とし、児童の学習達成度の進捗と位置を把握することができる。理解が遅れている児童を早期に確認し、適切な支援を提供するきっかけをつくることもできる。早期の対処によって学習達成度の差の解消を促すことは、教育省の強調する点でもあり、次の学びへの指導の手だてを見いだすことも期待される。ナショナル・スタンダードによって、学校や教員が児童の現状を把握し、次の指導への手だてを考案する一助として機能することが企図されている。

第二に、保護者に対してアカウンタビリティを果たすことである。教育省は、各学校に対し、ナショナル・スタンダードに照らした児童の学習達成度について、少なくとも年間2回、確認の機会を設けるように求め、それを保護者に説明することを課している。保護者は自分の子どもの学習の状況や理解度について、定期的に学校側から説明を受ける機会を得ることができ、国が定める基準の中で自分の子どもがどの位置にいるのかを把握することができる。また、教育省は、ナショナル・スタンダードに照らして児童の学習達成度を「above（超えている）」、「at（同程度）」、「below（下回っている）」、「well below（かなり下回っている）」の4段階で評価することを各学校に求めている。各学校はチャーターにおいて、ナショナル・スタンダードとの関連から自校の児童が達成すべき学習目標を設定し、記載することが求められており[1]、その達成状況を年次報告書に示し、教育省、保護者や地域に対して説明しなければならない。どの程度の割合の児童がナショナル・スタンダードを満たしているのか、あるいは満たしていないのかが明確になるため、各教員は、スタンダードに照らした学習達成度の向上を意識せざるをえない。児童の学習達成度を向上させるという目的のもとに導入されたナショナル・スタンダードは、学校の児童の学習達成度に対する責任をより明確にし、また、各教員がナショナル・スタンダードを意識した教育活動を行わざるを得ない環境を作り出したと言えよう。

2．教育評価の多様化と評価ツールの開発

上述のように、ナショナル・スタンダードは、児童の学習達成度がどの程度であり、今後、当該児童に対して学校がどのような指導を行っていくのかについて、少なくとも年間2回の保護者への報告を学校側に義務づけるなど、

評価の在り方について一定の変化をもたらした。筆者が訪問した小学校で保護者に聞き取りを行ったところ、ポートフォリオ評価によって、子どもが学校でどのような学習をしてきたのかが分かるようになり、またそれをきっかけに担任教員とのコミュニケーションが密になったという回答を得ることができた[2]。

一方、学習達成度が明示されたとは言え、カリキュラム編成の裁量が各学校に委ねられているニュージーランドにおいては、ナショナル・スタンダードの解釈も学校や教員によって異なることが予想され、評価形態も多様になる。そこで、教育評価のためのツールの開発が教育省主導によって積極的に行われている点が着目される。

ここでは主にインターネットを媒介とした二つの事例を取り上げる。一つは、「教授学習のための教育評価ツール(e-asTTle)」である。専用のウェブページには多様な評価ツールが準備されている[3]。e-asTTleに登録した学校、教員であれば、目的や用途に応じて必要な評価キットをダウンロードし、自由に使用することができる。教育省が主導しているため、無償である。e-asTTleを活用することで、多様な学習形態にかかる評価を行うことが可能となり、教員は児童に関する多くの情報を得ることができるように工夫されている。選択式、記述式、マークシート式等、様々な形態の試験が短時間で作成できる。また、e-asTTleを活用するための講習も開催されるなど、評価ツールの周知と活用が図られている。もう一つは、「発展と適切性を導く教育評価ツール(PaCT)」である。e-asTTleと同様に、専用のウェブページには評価にかかる多様な情報が掲載され[4]、使用料はかからない。PaCTは、ニュージーランド教育研究所(NZCER)が管理・運営に関わっているため、実際に使用した教員からのフィードバックに基づいて常にアップデートされる点が特徴である。AIを活用しながら、難易度の異なる問題を複数出題することで、子どもの学習達成度の実態を容易に把握することを可能にする。子どものつまずきや考えるプロセスまで記録として残すことができるため、子どもがどのような問題でいかなる間違いをしたのか、教員が把握し、またそれを子ども一人ひとりごとにデータとして蓄積していくことができる。

こうしたツールは、教員が児童の学習達成度をナショナル・スタンダードに照らして判断・評価することを援助するためのものである。判断・評価には多様な観点や情報が求められ、精査し、適切に扱うことが求められるが、それらを「エビデンス」として収集・整理し、教員に判断・評価を行いやすくする役割を担っている。児童の学習達成度の向上を図るためには、児童の現状を的確に把握する必要がある。それゆえに、評価ツールの開発に力が注がれていると考えられる。

3．ナショナル・スタンダードの廃止

2017年9月、国民党から労働党への政権交代が起こり、同年12月、新政権はナショナル・スタンダードの廃止を宣言した[5]。2018年度以降、保護者への年間2回の児童の学習達成度の説明責任は残されるものの、各学校におけるナショナル・スタンダードを活用する義務はなくなった[6]。

スラップ(Thrupp、2018)は、ナショナル・スタンダードに関して以下のような課題を挙げている[7]。

まず、ナショナル・スタンダードが算数、読み、書きの3分野のみに導入されたため、芸術や体育などの3分野以外の授業時間が削減されていることである。各学校におけるナショナル・スタンダードに照らした4段階の評価結果は一般に公開されるため、3分野のみを重点的に指導する偏ったカリキュラム編成をしている学校が少なくない。次に、特定の児童への指導に集中してしまうことである。もう少しで「above」「at」に到達できるだろう児童に対する指導への重点化が図られ、スタンダードを満たすことが難しく、特別な支援が必要な児童への指導が不十分になっている。さらに、ナショナル・スタンダードの導入前後の学力調査の結果において、児童の学習達成度に大きな改善がみられないことである。それにも関わらず、ナショナル・スタンダードに対するアセスメントが重視され、教員のアセスメントにかかる仕事量は増加している。保護者に対して、自分の子どもの学習到達度がナショナル・スタンダードを上回ったか下回ったかという説明を行うことについては、子ども自身の学びの軌跡や努力等の評価に触れておらず、不適切と考える教員が多いことが指摘されている[8]。

ナショナル・スタンダードの廃止決定後、教育省は専門委員会を設置し、

各学校のこれまでのナショナル・スタンダードの活用状況を調査するとともに、ナショナル・スタンダードに代わる新しい施策導入のための検討を開始している。児童の学習達成度の向上、学びの軌跡を重視し、ナショナル・カリキュラムに連動した学習を促進することを主眼とする施策が、今後どのように設定されていくのか、動向が注目される[9]。

第3節　ナショナル・テストの概要とその改革

ナショナル・テストとは、後期中等教育段階での全国資格認定試験（NCEA）のことを指す。既述のナショナル・スタンダードと同様、新政権はNCEAの見直しにも着手している[10]。

1．ナショナル・テストの概要

NCEAは、ニュージーランド資格審査機構（NZQA）によって管理・運営がなされる中等教育学校の11～13年生が対象の試験である。中等教育学校の卒業資格、かつ大学入学の基礎資格として機能するため、大部分の生徒が受験することとなり、中等学校生徒の学習達成度を測る指標の一つとして位置づけられている[11]。

NCEAの導入は2002年に溯り、背景には、1990年代の資格枠組み改革の影響が指摘できる。具体的には、これまで別個だった学校教育、大学、雇用の資格を同一の枠組みに統一し、国全体に適用される資格枠組み（NQF）が導入されたのである[12]。2001年までの学校教育は、11年生を修了する時点で「学校教育修了証明書（school certificate）」を、12年生修了時で「シックスフォーム修了証明書（six form certificate）」を、そして13年生修了時で「バーサリー（Bursary）」を得ることができ、「バーサリー」が大学入学基礎資格であり、奨学金申請の要件としてみなされていた。2002年以降、NCEAがNQFに組み込まれることにより、11年生修了時にNCEAレベル1、12年生修了時にNCEAレベル2、13年生修了時にNCEAレベル3を取得することが奨励され、それらが各学年の修了資格となり、同時に、国全体で適用される資格としても機能するようになった。生徒はNCEAの取得レベルと、NQFに認められている他の国家資格を持ちあわせることによって、大学入学に臨むこととなっている。

NCEAの取得は、二つの評価形態によって判断される。一つは、外部評価(external assessment)である。NZQAが主催するペーパー試験は、毎年度末に約1ヵ月をかけて行われ、生徒は各自科目を選択し、受験することとなる。ペーパー試験が適さない科目については、ポートフォリオなどの評価が選択される。芸術やICTのなど「学習成果」について、提出されたものをNZQAが評価・判断を行う。もう一つは、内部評価(internal assessment)である。一度きりのペーパー試験ではなく、例えば、対話能力やリサーチ能力、運動能力など、日々の学校生活における学習過程・成果を各学校の教員が評価・判断を行う。

評価の基準は、キー・コンピテンシーに基づいた基準(unit standards)とナショナル・カリキュラムに基づいた基準(achievement standards)の二つがあり、科目ごとに各レベルが求める学習達成度が規定されている。これらの基準に照らしてNZQAによる評価が行われ、各学校では教員による評価が行われる。評価結果は、「unit standards」に対しては「可(achieved)」、「不可(not achieved)」で示され、「achievement standards」に対しては「優(achieved with excellence)」、「良(achieved with merit)」、「可(achieved)」、「不可(not achieved)」で示される。

NCEAにおける各レベルを取得するためには、「クレジット(credit)」と呼ばれる単位を取得することが求められ、取得クレジットの合計によって取得レベルが決定する。例えば、NCEAレベル3を取得するためには、少なくとも80クレジットが必要であり、そのうちの60クレジットをレベル3から、20クレジットをレベル2以上のものから取得しなければならない。上述の通り、二つの評価形態が採用されているが、NZQAによる試験や教員による評価を組み合わせながら、生徒はクレジットを取得していく。換言すれば、クレジットは当該生徒の学びの軌跡であり、学びの成果として位置づけることができる。学習分野や科目の学びについて評価を受け、それに基づいてクレジットを獲得し、その結果、NCEAのレベル取得へとつながっていく仕組みである。

以上のように、NCEAは、多様な評価方法によって生徒の学習達成度を明確にしていく一方、学校教育から社会へ出ていく橋渡しの機能を有していると言える。

2．改革の方向性

ニュージーランド教育研究所が実施した調査結果によると（Hipkins, 2010）、NCEA の結果が指導の在り方に影響を与えると感じている校長、教員の割合が高い。評価基準が NZQA から示されているため、それを満たすためにはどのような指導が適切かを考えざるを得ない現状があると言える。また、NCEA が 9、10 年生の指導まで影響を与えていると感じている校長、教員も多い。NCEA は 11 ～ 13 年生を対象としているが、対象学年以外の指導においても、NCEA を意識せざるを得ない現状が指摘できる。

こうした状況を踏まえ、新政権は NCEA の見直しを行っており、改革の方向性として、以下の 6 点を掲げている[13]。

第一に、NCEA へのアクセスの拡大である。NCEA の受験料を全ての生徒に対して無料にしたり、特別な支援が必要な生徒や英語に対してハンディキャップがある生徒に対して、文字の大きさや試験時間を個別に対応するなど、受験しやすい環境を整えた評価方法（Special Assessment Conditions）を構築したりすることが提案されている。先住民族マオリ等のマイノリティの生徒に対しては、その文化や考え方を考慮した評価方法の導入も検討されている。

第二に、リテラシーとニューメラシーの重視である。リテラシー、ニューメラシーを十分に身につけないまま学校教育を離れる生徒が多いことに鑑み、各生徒の能力を精緻に確認するための新しい教材の導入が提案されている。そして、同教材と関連させる形で、リテラシーとニューメラシーに焦点化した「新しいスタンダード」の導入が提案されている。「新しいスタンダード」に対する評価は、教員の仕事量の増加と学校ごとの評価の相違を防ぐため、外部機関によって実施されることが構想されている。

第三に、「unit standards」と「achievement standards」の改変である。現状の二つの基準が教科ごとに設定され、また内容が多く複雑なため、生徒が何を重視すればよいかしばしば混乱している。生徒がより充実した学習活動を展開できるようにすることや、NCEA の構造をより簡略化（レベル 1 は 120 クレジット、レベル 2 は 120 クレジット、そしてレベル 3 は 100 クレジットを取得）することが提案されている。

第四に、再受験制度の変更である。現状、生徒は自ら NCEA 科目を選択するが、「可」が取得できない場合は、別の科目に変更して再受験することが可能となっている。しかし、改革案では、科目変更は認めるが、「優」「良」の評価はせず、「可」のみの評価とすることが提案されている。

第五に、NCEA と社会との接続の明確化である。NCEA の各レベルの取得が、生徒の就職等、将来の社会生活と密接に結びつくよう、レベルに応じた職業資格(Vocational Entrance Award)の創設が提案されている。同資格は、レベル 3 として取得できることが提案されている。

第六に、NCEA レベル 1 の内容の拡大である、新しい NCEA では、11 年生において、職場体験学習や課外活動(スポーツ、クラブ活動、マオリ文化の学習等)がクレジットとして認められることが提案されている。

以上の改革案は、決定次第、2020 年度から徐々に導入されることが示されている。中等教育修了段階において、いかに生徒の学びを確保するか、いかに社会と接続するかを重視した改革案と考察できる。

第4節　カリキュラム政策と学力

以上のように、ナショナル・カリキュラム、ナショナル・スタンダード、ナショナル・テストの各施策は、関連を持ちながら展開されている。そして、その背景には、いかに児童・生徒の学習達成度を向上させるかという共通する課題を見出すことができよう。既述の通り、1990 年代においては、児童・生徒の学習達成度における差が顕著となり、その差を埋めること、また、学校教育からのドロップアウトやそれに伴う無資格生徒の増加への対応が喫緊の課題とされた。下位層の児童・生徒にきめ細かく対処し、いかにして全体として学習達成度の向上を図っていくのかが重要課題とされた。

一方、OECD 動向を踏まえ、キー・コンピテンシーの概念をカリキュラムに反映させるといった対応は、ニュージーランド社会がどのような人材を求め、育成していくのか、そのために学校教育に課せられた役割は何なのかという疑問に対する回答を提示していると考えられる。学校教育を通じて、ニュージーランド社会だけでなく、広く国際的に活躍し貢献できる人材の育成を志向し、そのために必要な能力や技術を身につけさせることを目指していると考えられ、学校教育に対して、キー・コンピテンシーを身につけるための礎的な役割を付与していると言える。

整理すれば、OECD等の国際的動向を反映させた形でナショナル・カリキュラムを作成し、児童・生徒が身につけるべき能力や技術を明示しながら、それに対してナショナル・スタンダードやナショナル・テストといった評価形態を設定することで、求める能力や技術の確実な習得と定着を企図していると言えよう。

現在、新政権は、一連のカリキュラム政策だけではなく、教育政策全般を対象とした大規模な教育改革に着手している[14]。今後も多くの改変が予想されるため、継続的な分析が求められる。

【註】

1　現状分析を踏まえ、例えば、リテラシーにおいて「at」「above」に該当する子どもを○%以上にする、といった目標を設定することが多くみられる。

2　オークランド市の初等学校での保護者に対するインタビュー調査より（2012年9月実施）。

3　http://e-asttle.tki.org.nz/（2019年7月27日確認）

4　http://pactinfo.education.govt.nz/（2019年7月27日確認）

5　National Standards removed（2017.12.12）（教育省HP, https://education.govt.nz/news/national-standards-removed/, 2019年7月27日確認）。

6　2018年度以降は、ナショナル・スタンダードの活用は義務ではなく、任意となっている。

7　他に、*National Standards: Are they working?*, NZ Herald.（2017.8.19）を参照している。

8　ナショナル・スタンダードを満たしているかどうかではなく、保護者に対して自分の子どもの学びの軌跡や努力等を説明することを重視し、例えば、「exceeding」「meeting」「working together」といった表現をしている事例が報告されている。

9　現在の改革動向については、教育省HP（https://conversation.education.govt.nz/conversations/curriculum-progress-and-achievement/）で確認することができる（2019年7月27日確認）。

10　新政権は、まずナショナル・スタンダードとNCEAの見直しを行うことを、政権交代前から宣言していた。*Labour promises to scrap national standards and review NCEA if in government*, Stuff.（2017.7.21）

11　ニュージーランドでは、全国統一の試験として、児童・生徒の学習達成度の現状を把握すること、実態を政策やカリキュラム策定に反映することを目的に、1995年から2010年まで初等教育段階での抽出式学力調査（The National Education Monitoring Project）を実施している。これは、4年生と8年生を対象に、年ごとにカリキュラムの1分野に焦点を当てた形で、毎年抽出調査で行われていた（当該学年の約2.5%がランダムに抽出される）。現在は抽出式学習達成度調査（National Monitoring Study of Student Achievement）に代替され、2012年から新たな形態として実施されているが、毎年カリキュラムの1分野に焦点を当てること、4年生と8年生を対象とした抽出調査であることなど、大きな変更は見られない。これらの試験は、対象は全国規模であるが、抽出形式でオタゴ大学が中心的役割を担うことで運営されており、児童・生徒の学習達成度の状況確認が主要な目的とされる調査という意味合いが強い。

12　NQFは、2010年よりNZQFと評価基準の指針（Directory of Assessment Standards）に代替されている。

13　Ministry of Education, *NCEA Change Package Overview 2019*, 2019.

14　教育改革全般の動向については、教育省のHP（http://conversation.education.govt.nz/）で確認することができる（2019年7月27日確認）。

【参考文献】

- Hipkins R., (2010), *The evolving NCEA: findings from the NZCER National Survey of secondary schools 2009*, 2010.
- McGEE, C. and Fraser, D. (2012), *The professional practice of teaching: 4th edition*, CENGAGE Leaning.
- Ministry of Education, (2009), *National Standards Information for Schools.*
- Ministry of Education, (2019), *NCEA Change Package Overview 2019.*
- Thrupp M., (2010), "National's First Year in Education", Martin Thrupp and Ruth Irwin, *Another decade of New Zealand education policy: Where to now?*, Wilf Malcom Institute of Education Research (University of Waikato).
- Thrupp., M. (2018), The Search for Better Educational Standards: A Cautionary Tale, Springer.

第3章 ニュージーランド

マイノリティと教育

松本　晃徳　　中村　浩子

ある初等学校の玄関に掲げられた看板。公用語である英語とマオリ語だけでなく、多様な児童の文化的背景を尊重する姿勢がアピールされている。

第1節　ニュージーランドの多文化主義政策の限界

1. 多文化主義と二文化主義の葛藤

ニュージーランドでは、1970年代から80年代にかけて、世界的に、少数民族の人権の尊重が叫ばれるという潮流の中、ワイタンギ条約で保障されているマオリの権利に対する見直しや、それに伴うマオリの言語や文化の尊重に対する世論が高まり、先住民マオリの権利を尊重することを掲げた二文化主義が、政治的にも社会的にも広く提唱されてきた。

一方、1980年代中盤に入って、移民により民族的に比較的多様化してきたニュージーランド社会に対応するため、ニュージーランド政府は、まず先住民であり少数民族のマオリの文化や言語の尊重を公教育における多文化教育実施の手始めとして導入することにした。すなわち、それまでパケハ(ヨーロッパ系ニュージーランド人)中心の価値観や文化にもとづいて施されてきた公教育の中に、先住民であるマオリの価値観や文化や言語の尊重を取り入れることで、学習者たちが他の少数民族との異文化コミュニケーション能力をも涵養し、多民族社会の多様な価値観や異文化に学習者が対応できるような基盤作りを試みたのである。いわば、この教育政策の導入により政府は、ワイタンギ条約が保障するマオリとパケハとの二文化主義が、ニュージーランドにおける多文化主義への布石になるようにしたのである(May, 2004a)。この教育政策は「タハマオリ(Taha Maori)」(原義はマオリの側に立って)と名づけられた(Department of Education, 1984)。

しかし、マオリの教育者たちは、ワイタンギ条約で明記されているマオリの特権が「政府が多文化主義を擁護することで、失われ、多くの民族の中の単なる一つの民族集団という地位に落とされる」という不安を抱いたのである。すなわち、多文化教育という媒介を通し、ワイタンギ条約で保障されているマオリの特権[1]が失われると強い懸念をマオリたちは抱いたのである。また、同時にタハマオリの教育政策の実施は極めてヨーロッパ系ニュージーランド人の教育者や管理者の手に委ねられていた。したがって、少数民族としてのマオリの権利を擁護するより、優勢なパケハの関心を提供する教育が実践されようとしたのである。そこで、マオリはこうした状況に強く反対し、ニュージーランドにおける教育権と同様に、より広範囲な社会的および政治的な権利の確保の必要性があることを国際法に則り、国際社会にも訴えてきた。マオリの主張する論理とは、引き続きニュージーランドの二文化主義の概念を通じ、多文化主義を否定していくというものだった。マオリの教育者たちは、教育における二文化主義への傾倒が意義あるものとして提示されなければ、多文化主義の擁護は無意味なレトリックとしてしか考えられないと説いている。実際に、学校内でのマオリ語やマオリの文化の指導は、マオリが希望していることと比べて遥かに及ばないものである。マオリは、多文化主義は、優勢支配者層であるパケハの産物であると非難している（May, 2004a）。

こうした議論の結果、ニュージーランドの最初の多文化教育政策導入は、1980年代の後半に打ち切られたのである。このように、1980年代に、ニュージーランド政府は、「タハマオリ」を通じ、確かにニュージーランドの教育に多文化主義の要素を取り入れようとした。しかし、この「タハマオリ」には、ヨーロッパ系ニュージーランド人と、ナショナルマイノリティーであるマオリやエスニックマイノリティーである移民との力関係の不均衡を解消する意図はなく、二文化主義も否定する可能性も十分秘めていた。そのため、この国の先住民マオリの支持を得られなかったこともあり、二文化主義を布石とする多文化教育実施は頓挫した[2]。

上記のようにタハマオリによる多文化主義教育導入が中止された後、1986年以来、ニュージーランドは移民の国籍制限を撤廃したことによって、実質的に多民族社会へ歩み始めた。この政策変更によりアジアからの移民が急増し、1990年代の初頭よりニュージーランドの民族構成は著しく変化し、特にアジア系住民の人口比は、2013年には11.8％に激増した（第一章参照のこと）。1991年からは再度移民法の改正をし、カナダやオーストラリアと同じようなポイントシステムを移民の受け入れに導入し始めた。このポイントシステムによりニュージーランドにとって必要なスキルやビジネス投資のための資金を有する移民が、ニュージーランドに容易に入れるようになった[3]。しかしながら、この法改正は、マオリの代表者たちとの適宜な合意なしに行われたのである。そのために、この事が、マオリの間に政府の主導する多文化主義に対する懸念と疑念を生み、そうしたニュージーランド政府の移民法改正が、二文化主義の否定やマオリの政治的な特権の否定につながるものであるとマオリは再度考えるようになったのである。

その後、1990年代後半から、移民法の改正に伴い、さらに多民族社会になりつつあるニュージーランドは、政府主導の多文化主義とマオリが尊守しようとする二文化主義の葛藤を抱えながらも、移民教育政策や留学生への教育政策などにおいて、多文化教育の要素を多く取り入れるようになってきた。次項では、1990年代以降のニュージーランドの移民・難民および留学生教育政策や外国語教育政策について多文化教育の視点から検討し、近年のニュージーランドの教育政策に見る多文化主義的状況について明らかにしてみたい。

2. ニュージーランド政府の移民・難民や留学生教育政策と多文化主義

隣国オーストラリアとは異なり、ニュージーランド政府には、明確な多文化主義政策を促進し実施するための省や部局は存在していない。また、カナダのように多文化主義法(Multiculturalism Act)を制定して法的に国家政策基盤にしているわけでもない。しかしながら、1990年代以降、ニュージーランド教育省や他の研究機関は、英語を第二言語とする学習者のための(ESOL)教育や移民・難民教育のために、数多くの研究者の支援の下でESOL教育のための資料、バイリンガル教育や多文化教育そして異文化理解教育実施のガイドライン等を多数発行している。特にニュージーランド教育省は、移民・難民の背景をもつ児童生徒たちを支援するために1990年代後半までの「英語を第二言語とする学習者が置かれている状況」の調査結果に基づいて、1999年に英語を母国語としていない移民児童サポートのためのハンドブックを発行している。このハンドブックには、「児童生徒たちの多様な文化を認識し、多様な文化に価値を見出すこと(Inclusive School policy)」や「ニュージーランド社会の多文化的な状況を学校教育に反映すること」、「様々な文化的な背景を有する児童生徒たちへ教育の機会平等を与えること」、「ESOL教員にバイリンガルサポートを与えること」等、多文化教育の要素を含んだニュージーランド政府の政策が提示され、各学校にこうした政策が行き届くように提起されている(Ministry of Education, 1999)。

しかしながら、ニュージーランドの教育研究者らによれば、1999年に発行された上記の教育省のハンドブックの中に提示されている政府の政策が、ニュージーランドの学校教育そのものに十分反映されておらず、特に急増するアジア人移民の児童生徒や留学生たちが多くの困難を抱えているため、これに対応する諸政策が早急に必要であると訴えている[4]。また、他の研究者らは、政府の政策やガイドラインと、ニュージーランド学校教育の現状には大きなギャップが存在しているという報告をしており、さらに政府に研究を委託された専門家らが提案してきた外国語教育政策（少数民族言語の教育を含む）や多文化教育やバイリンガル教育の内容や主旨が、政府によって学校教育では十分活用されていないとも報告している（Pang, 2002：47-58）[5]。その上、1999年以来、ニュージーランドの民族構成は著しく変化してきたこともあり、多くの専門家が、ESOL教育や移民・難民教育に関する効果的な政策を作成すべきであると要請してきたのであるが、このハンドブックは、過去10年以上改訂されていないという事実もある。

しかしながら、今世紀に入って、加速化する多民族化に対する政府の積極的対応が徐々に見られるようになった。2007年にニュージーランド教育省が行った統計によれば、ニュージーランドの学校には165カ国からの160種類の民族的背景と110言語使用の背景を有する多様な児童生徒が学習するようにまでなった[6]。このような状況に伴い、約1200校の学校に学習する約29,000人の児童生徒に対して政府のESOL支援（英語を第二言語とする学習者への英語学習支援）が行われるようになった（Ministry of Education, 2008：1）。また、こうした多様な民族的背景をもつ児童生徒に対応するために、2008年にニュージーランド教育省は、ESOL教育に関する系統的な指導マニュアルを発行した（Ministry of Education, 2008）。この指導マニュアルには、様々な背景の学習者たちにどのように対応して英語指導をしていくべきか、比較的ESOL教育経験の浅い教員にもわかりやすく具体的に書かれている。さらに、その後、2011年度よりニュージーランドの後期中等教育段階での全国資格認定試験（NCEA）の外国語指導における評定基準の中に、異文化間コミュニケーション教育の観点が義務づけられるようになった[7]。

今まで見てきたところから結論すると、二文化主義と多文化主義の葛藤という課題が根本的に解決されていない状況の中、ニュージーランド社会の多民族化が加速し、非英語圏からの移民も急増していることや、効果的なESOL教育や異文化間コミュニケーション教育実施のためには、各学校の教員がこの分野における知識と経験を年数をかけて十分培わなければならないことから、今後も多くの課題にニュージーランドの学校教育は直面するものと思われる。

（第1節　松本）

第2節　先住民マオリの教育展開と課題

1. 先住民学校クラ・カウパパ・マオリの展開－言語復興運動と社会的公正の追求

ニュージーランドにおける先住民マオリの教育としてまず語られるべきは、全国に73校（2018年）という小規模でありながらも、マオリ語で教育を行う公立学校クラ・カウパパ・マオリの存在であろう。マオリの子どもたちのためにマオリの人々の手によって運営されるクラ・カウパパ・マオリの歴史はさほど長くない。しかし開校に至るまでには、植民地化されて以降、同化主義政策と西洋化によるマオリ語話者の激減という、民族としての並々ならぬ経験があった。先住民学校としてのクラ・カウパパ・マオリは、失われゆく自民族言語の復興という、マオリ自身による運動の一環として展開されてきた。

マオリの人々の学校教育の歴史は、宣教師らによるミッション・スクールに始まる。それは、イギリスがマオリの首長たちとワイタンギ条約を締結し、ニュージーランドの植民地化が始まった1840年より前から展開されていた。当初はマオリ語による教授が行われていたものの、条約締結後しばらくすると教授言語は英語とされ、1867年に原住民学校法（Native Schools Act）が制定されて以後は同化主義政策がとられ、校内でのマオリ語使用はときに体罰をもって禁止された。20世紀に入るとマオリの人々の西洋化は一層進み、原住民学校より一般公立校の在籍者数が多くなっていった。

同化主義政策が1世紀以上にわたり続く中、マオリ語の話者は確実に減少していった。道路の整備、都市への移住、テレビの普及に加え、就学前教育が推進される中、親たちは子どもに英語を習熟させるプレッシャーに晒されていった。原住民学校在籍者のうち、家庭でマオリ語のみを使用していたのは96.6％（1930年）から26％（1960年）と30年間に四分の一近くにまで減少した（May, 2004b）。

しかし1979年、マオリ語の将来的な消滅を示唆する調査結果（Benton, 1979）がまとめられると、言語消滅の危機は切迫したものとしてマオリの人々に受けとめられた。こうした中で言語復興への具体的な取り組みとして親たちによって進められたのが、マオリ語による就学前施設コハンガ・レオ（Kōhanga Reo）の開設運動である。マオリ語のみを教授言語とするこの取り組みは、幼いマオリの子どもたちをマオリ語と英語のバイリンガルへと育てていった。その成功とともに施設数は目覚ましい拡大を遂げ、1982年に50施設が開設されて以降、約10年間で就園者数も就学前施設のマオリ系全通園者のおよそ半分を占めるまでに至った。

草の根レベルで展開された就学前施設コハンガ・レオの運動が学校教育段階まで発展したことは驚くにあたらないだろう。「言語の巣」を意味するコハンガ・レオでマオリ語を身につけても、進学する学校で教授言語は英語であり、マオリの言語や文化への理解が乏しい教師が多く、マオリ語は就学後徐々に失われてしまう。親たちの危機感があらためて共有される中、マオリ語によるイマージョン教育を行う最初の学校が私設のオルタナティブな学校として開設されたのは、1985年のことだった。クラ・カウパパ・マオリ（Kura Kaupapa Māori）の誕生である。

ここで理解しておくべきは、クラ・カウパパ・マオリの展開は言語と文化の復興というマオリの人々の悲願達成に向けた教育施設であると同時に、パケハと呼ばれるヨーロッパ系植民者の子孫たちによって統制されてきた従来の学校教育への抵抗運動という側面を併せもっている点である。マオリの精神的文化的な価値、規範、実践に依拠するペダゴジーを用いるクラ・カウパパ・マオリの設立運動は、言語の保護と発展を含む文化の復興と、パケハとの教育格差是正に向けた社会的公正の追求という二つの使命を負っていた（Tākao et al., 2010）。

社会的公正の追求に関してマオリ人研究者スミスはさらに、クラ・カウパパ・マオリ設立運動の原理的意味として二つ挙げている。一つは、従来の公立学校に埋め込まれている構造的障害、つまりパケハ利害の再生産に支配され、マオリの教育達成を抑制してきた構造的障害への抵抗という側面である。もう一つは、学校教育をめぐる権力関係、つまりパケハが優位に立ちマオリが従属的位置にあるという関係と、西洋の知識がマオリの言語や文化より優れているというイデオロギーを変化させるという側面である(Smith, 1990)。

当初は既存の公立学校へのオルタナティブとして設立されたクラ・カウパパ・マオリであるが、やがて正規の学校としての法制化に向けた運動が展開され、「明日の学校」改革のもと公立学校として制度化されるに至った(1989年教育修正法)。その後1999年には学校運営の基本原則「テ・アホ・マトゥア(Te Aho Matua)」の遵守が定められたが、その内容決定権は全国のクラ・カウパパ・マオリ代表組織(Te Rūnanga Nui o Ngā Kura Kaupapa Māori o Aotearoa)が有し、マオリの人々に不利益をもたらす同文書内容の変更はできないことが規定された(1999年教育修正法)[8]。更に2008年には、英語の統一カリキュラムとは別立てで、マオリ語によるクラ・カウパパ・マオリ向け統一カリキュラムが初めて編成された。国の統一カリキュラムが二つの言語で、相互の翻訳ではない内容で編成されたのは、世界で初めての取り組みとされる。

当初クラ・カウパパ・マオリは、「分離主義」「エリート主義」「復古主義」といったパケハからの批判や「マオリ語では就職できない」といったパケハの神話によって過小評価されたという(Smith, 1990)。にもかかわらず1990年代を通じて学校数は拡大した。しかし在籍者数はその後2007年をピークに伸び悩んでいる。マオリ語による教授プログラムはクラ・カウパパ・マオリ以外の一般公立学校でも行われているが、こうしたプログラムへのマオリの子どもの参加率も1999年の18.6%をピークに減少に転じている。背景として長らく指摘されているのは、教員不足と教育環境整備の遅れである。

マオリ語を教授言語とするクラ・カウパパ・マオリおよび一般校のプログラム在籍者は、その他のマオリの子どもたちより後期中等教育段階での全国資格認定試験(NCEA)の成績が良好で、怠学等の問題が少ないことが明らかにされているものの、マオリ語による教育を望む需要に供給がはるかにおよばない状況が長らく続き、そうした供給不足が需要の縮小をもたらしたことも指摘されている（Waitangi Tribunal, 2011）。マオリ語を母語とする高齢者の数が減少する中、質の高い教員の育成と教育資源をいかに整備していくかは、今なおまさに喫緊の課題なのである。

2. マオリ文化の尊重とファナウとのパートナーシップ

すべてのマオリの学力と教育達成向上に向けて、第5次国民党政権が誕生した2008年には「マオリのマオリとしての成功」を至上命題とする5カ年教育戦略「カ・ヒキティア：成功への舵取り（Ka Hikitia: Managing for Success）」[9]が教育省より打ち出された。この施策は、マオリの人々自身の共同資源、知識、スキル、リーダーシップを構築かつ発揮することを目的に、マオリに関する公共政策間の連携と一貫性を確保しようとマオリ政策省が2004年に掲げた政策枠組み「マオリの潜在能力アプローチ」に依拠している。具体的な数値目標が盛り込まれた「カ・ヒキティア」は三つの原則、すなわち、すべてのマオリの学習者が①無限の可能性を持っていること、②成功を遂げる潜在能力を持っていること、③マオリであること自体は文化的な資産であり「問題」ではないこと、をうたった。

2013年からは副題を「成功への加速」と改めた新5カ年戦略が進められる中、マオリ児童生徒に関する教育指標には改善も見られている。しかし、**表2-3-1**に見るように、マオリ系以外との格差の縮小は依然として課題である。

「カ・ヒキティア」ではまた、「欠点を矯正する」姿勢から「潜在能力を実現させる」アプローチへ、「介入」から「市民や地域による解決への投資」へ、「マイノリティとしてのマオリ」という意識から「先住民性と独自性」の尊重へ、「指導・通達」から「協調・共同構築」への転換が唱えられた。こうしてマオリ自身の自己啓発と自己決定を支援しようという戦略のもと、学校現場に関しては、生徒の言語・アイデンティティ・文化の尊重と、「建設的なパートナーシップ」による生徒、ファナウ、ハプ、イウィ、教育関係者間相互の知識の共有がうたわれた（Ministry of Education, 2009：19-20）。

しかし生徒の文化的背景の尊重とファナウとのパートナーシップが掲げられるのは、決して新しいことではない。逆に言えば、依然としてこれらが課

表 2-3-1　マオリ系児童生徒に関する教育指標

	マオリ	マオリ以外＊
ナショナル・スタンダード到達率（%）		
読み	68.2（2012年）→ 68.8（2016年）	80.1 → 80.5
算数	63.6（2012年）→ 65.3（2016年）	76.4 → 78.5
書き	60.4（2012年）→ 61.6（2016年）	72.9 → 74.1
出席停止処分件数（1,000人当り）	48.0（2000年）→ 37.2（2016年）	18.5 → 15.2
停学処分件数（1,000人当り）	18.0（2000年）→ 7.6（2016年）	4.8 → 2.3
離学者に占めるNCEAレベル２取得率	45.7（2009年）→ 66.5（2016年）	72.9 → 84.4
NCEA ２以上取得率（18歳）	57.1（2011年）→ 74.3（2016年）	78.9 → 87.6
学校理事会で公正なマオリ代表率が見られる学校比率（%）＊＊	33.5（1997年）→ 39.7（2014年）	------

＊比較年は「マオリ」と同じ。
＊＊学校理事会のマオリ系構成員数が校内児童生徒のマオリ在籍率を公正に反映している学校の、全体に占める割合。
出典：Ministry of Education, 2016, *Ngā Haeata Mātauranga: Assessing Māori Education* より筆者作成。

題であり続けているということだろう。これらの点が学力向上への鍵であることは教育機関評価局（ERO）による分析でも明らかにされている。学力達成水準が大幅に向上もしくは高水準を維持している学校では、生徒、親、ファナウを巻き込む実践が顕著である。具体的には、カリキュラムにおいてマオリの言語や習慣が中心に置かれることに対して教員たちの理解があること、応答的なティーチング、教員–生徒間の良好な関係、親の意見や要望の採用、が見出されている（ERO, 2010）。

生徒の文化的背景の尊重とコミュニティとのパートナーシップが課題であり続ける背景には何があるのだろうか。ここでは、ニュージーランド国内でも暴力、麻薬、アルコール依存、ひとり親、貧困等の問題が深刻な地域として知られるオークランド南部に位置するC校とF校の２校の事例から、課題の克服には教員たちの極めて高いコミットメントが必要とされることを見たい。この地域はマオリ系及び太平洋島嶼系の居住比率が高いことでも知られ、在籍者の社会経済的水準を示すディサイル値は２校ともに最も低い「1」である。

C校はもともと７、８年生の２学年のみを収容する中間学校（intermediate

school）だったが、コミュニティの要望のもと1995年に収容学年を10年生まで拡大し、加えて2006年に誕生した国内初のマオリ語バイリンガル教育を行う隣接の中等学校には13年生までが在籍していた（その後2011年に2校は7～13年を収容する国内初のマオリ語／太平洋島嶼系言語とのバイリンガル教育を行う中等学校となった）。C校は転校を繰り返してきた「渡り鳥生徒（transient students）」、退学処分後幾度となく編入学を断られ辿り着いた生徒、「ニーズの高い」生徒を長らく受け容れてきた。

2008年に筆者が訪問した前年度には13年生4名全員がNCEAで大学入学レベルの資格を取得しており、スピーチ・コンテストでオークランド地区優勝、全国大会2位の成績をおさめた生徒もいた。同校では「特別なニーズ special needs」という呼び方はせず、「潜在能力未達成の子たち unrealised potential kids」という表現を用いた上で、民族文化教育に学力形成と同等の価値を置いていた。とりわけカパ・ハカと呼ばれるマオリの舞踏パフォーマンスは、ニュージーランドにおけるマオリ文化教育の一環として広く実践されるが、同校によれば多くは学力向上への手段的価値しか見出していない。しかし同校では、カパ・ハカの練習は自らの出自に揺るぎない誇りを生徒たちに育む人間形成上重要な教育実践として、「それ自体として」の意味を見出していた。

実際、翌2009年訪問時にカパ・ハカの練習風景を見学させてもらった際、生徒たちのパフォーマンスは力に満ち溢れていた。鏡の前で友人たちと列を組み、呼吸を合わせて台詞を共に唱え、地面を踏み鳴らし、眼を大きく見開いて舌を突き出し、全身で演じる生徒たち。生徒たちの声量と熱気の波動で講堂内の全ての物が鳴り響くかのような、圧倒的なエネルギーを居合わせた者は感じずにいられなかった。終了後、「よかったわよ」「素晴らしかったわ」と校長先生たちの喝采を受けながら、手のひらであおぎ自らに風を送る生徒たちの表情は、穏やかながらも充実感に満ちているかのようだった。

一方、民族文化教育を重視するC校に対して、同じオークランド南部にあるF校は「メインストリーム教育」すなわち英語のみを教授言語とする中間学校（7・8年生）である。100％に近い在籍生徒がマオリ系及び太平洋島嶼系であるもののバイリンガル教育はほとんど行わず、学力形成中心の教育を行っていた。各エスニシティ言語の学習時間はないわけではなく、各文化を尊重する教育実践もあるが、あくまで生徒の文化的背景にもとづく教育ではなく「端的に学力重視」のプログラムを組んでいるという。

そんなF校で保護者会を催すと、出席率は常に98％ほどに昇るという。ただし保護者たちにはニュースレターなどで「参加を呼びかける」のではなく、「子どもの成績書をもらうために学校に必ず来てください」など、不快感を抱かせない言葉遣いながらも義務的な「must」の表現を用いるのだという。保護者の中にはギャング集団のバッジを着けたまま来校するギャングのメンバーもいる。でもそれぞれのエスニシティの言葉で挨拶をすれば、強面の親たちもすぐに穏やかになってくれる、みなとてもいい親たちだと校長は話していた。また「明日の学校」改革によって保護者に学校ガバナンスにおける地位と権限が担保されて以降、親たちの間で「学校教育は『あの人たち』の仕事」といった他人任せの感覚は薄れ、生徒たちの学力も向上したという。

もっとも民族文化教育を重視するC校においても、保護者とのインフォーマルな会合を頻繁に設けており、行事を催せば会場は満員になると、校長たちはコミュニティとの関係に自信を見せていた。民族文化教育と学力形成を学校教育の両輪に位置づけるC校に対して、F校の民族文化教育は周辺的位置づけにあり、あくまで学力形成を中心に据えている。それは、将来NCEA資格の取得を確実にすべく、上級学校進学前に英語のみの教育を受けることが何より「保護者の望みだから」という。両校ともに保護者コミュニティとの良好な関係を強調しながらも、相異なる教育を実践していることは興味深い。ただしC校の校長が民族文化教育の実践に強い誇りを抱いていたのとは対照的に、F校の校長はさほどの力を入れていないことに多少の引け目を感じていなくもないようだった。

それでもF校校長は、同校は国内でも働くのが最もきつい学校の一つであろうと述べ、スタッフは10倍厳しい勤労環境でも働いてくれるような陣容であると語っていた。C校でも、20数年の経験がある赴任したばかりの教員が、同校勤務に喜びを感じながらも「ここまで熱心に働いたことがない」と語っていた。教育省が求めるような、学力向上、コミュニティとのパートナーシップ、民族文化に応答的な教育実践のすべてを達成することは、並々ならぬ教員の高いコミットメントが必要であることが以上からうかがえるのである。

（第２節　中村）

第３節　太平洋島嶼（パシフィカ）系の教育保証に向けた課題
――文化的背景に対する学校の応答性

太平洋島嶼系には、サモア、トンガ、ニウエ、クック諸島、トケラウ、フィジー、ツバル、ソロモン諸島、その他太平洋諸国出身者とその子孫が含まれる。南太平洋のこれらの国や地域からの移住は1950年代に始まり、70年代前半にピークを迎えるまで主に肉体労働、製造業の労働力需要に応えて戦後の経済発展を支えた（Nakhid, 2011）。

かつては太平洋諸島からの「移民」という意味合いが強い太平洋島嶼民（Pacific Islanders）という呼称が用いられていたが、近年では半分以上がニュージーランド出生者であることから、「パシフィック・ピープルズ（Pacific peoples）」や「パシフィカ・ピープルズ（Pasifika peoples）」という呼称が広く用いられている。太平洋島嶼（パシフィカ）系として一括りに語ることで各出身国や地域間の文化的特質の多様性が忘れられ、ニュージーランド社会における周縁化を促す危険性も指摘されているが、この呼称は当事者たちによって名付けられたものでもある（Ferguson et al., 2008:5）。

現在、全人口に占める割合は7.4％（2013年国勢調査）で約三分の二が最大都市オークランドに居住しており、子ども人口では約１割を占めている。太平洋島嶼系児童生徒の６割はディサイル１～３の学校に集中している[10]。2017年現在、太平洋諸島のいずれかの言語を教授言語に教育を行っている学校は43校、科目に設置しているのは62校である[11]。

約３割がニュージーランド国外で出生している太平洋島嶼系の児童生徒の学力水準は、先住民マオリ系をさらに下回っている。そうした中、教育達成を改善する上で鍵とされているのは、生徒の文化的背景に対する学校と教員の応答性（responsiveness）である。太平洋島嶼系在籍率が国内で最も高く低ディサイル校が多い地区で1997年から教育省が主導した学習環境改善プロジェクト（SEMO）の評価結果からは、生徒の出身文化に応答的で一貫して学力達成について注視している学校に在籍するバイリンガルの子どもたちは、学校での学習に必要な言語とスキルを身につけていることが明らかにされている。

他方で政府等の調査からは、太平洋島嶼系家族が学校に関わることを阻害する要因として、英語力が限られていること、権威に対して敬意を払う習慣があるため保護者が学校に意見しにくく子どもも教員に意見を言いにくいこと、学校理事会構成員となり学校運営に関わる親が少ないことが挙げられている。権威ある人物には疑問を呈さず敬う伝統から、親たちは子どもたちに教員の言うことを黙って聞くよう促す傾向にあるが、ニュージーランドの学校教育では批判的、複眼的、主体的な学習姿勢が期待されている。両者の違いを教員が理解していないと、学校の姿勢自体が太平洋島嶼系生徒たちにとって学習上の壁となりうるのである（Statistics New Zealand & Ministry of Pacific Island Affairs, 2010）。

ただし太平洋島嶼系の親たちは、学校に通う子どもの助けになりたいとの思いが強いことも報告されている。親たちはどのエスニック集団よりも子どもの学習進度に関心を示し、学習を手伝いたいと願いつつも、その方法がわからずにいる傾向にあり、教員や学校の側も、親たちと効果的に関わっていく方法がわからない場合が多いという（Statistics New Zealand & Ministry of Pacific Island Affairs, 2010）。学校の教員たちには、相互の文化的差異を理解するために保護者とのさらなるコミュニケーションが求められている。

太平洋島嶼系生徒の教育水準向上に向けた施策としては、2001年から展開されてきた「太平洋島嶼系教育計画（Pasifika Education Plan）」がある。この計画では、様々な教育達成や学力達成に関する水準を国全体の平均にまで引き上げること、そのために効果的な教授活動の実践や学校理事会への参加率を高めること等を中心に据えてきた。また、2013-2017年5カ年計画では、①読み書き計算（literacy and numeracy）における卓越性を向上させ、意味ある資格に向けた効果的な科目選択を行う、②離学者が継続教育、職業訓練、就職につながる目標達成に向け学力・社会的スキルを身につける、③親、家族、コミュニティが学校と関わりながら子どもの学習を支援する、という三つの目標が掲げられた。到達目標には、ナショナル・スタンダード達成率85％、停学

表 2-3-2　太平洋島嶼系児童生徒に関する教育指標

ナショナル・スタンダード到達率（%）	
読み	59.0（2011 年）→ 66.0（2016 年）
算数	56.7（2011 年）→ 62.7（2016 年）
書き	53.8（2011 年）→ 60.5（2016 年）
停学処分件数（1,000 人当り）	9.6（2006 年）→ 4.3（2016 年）
転学処分件数（1,000 人当り）	3.3（2007 年）→ 1.6（2016 年）
退学処分件数（1,000 人当り）	3.7（2007 年）→ 3.6（2016 年）
NCEA2 取得率（18 歳）	65.5（2011 年）→ 78.7（2016 年）
学校理事会で公正な太平洋島嶼系代表率が見られる学校比率（%）*	24.5（2000 年）→ 40.5（2014 年）

* 学校理事会の太平洋島嶼系構成員数が校内児童生徒の在籍率を公正に反映している学校の、全体に占める割合。

出典：Ministry of Education, *Pasifika Education Plan: Monitoring Report*（注 10 参照）より筆者作成。

処分率 1000 人あたり 3.6 件以下、転学処分率 1000 人あたり 1.5 件以下、退学処分率 1000 人あたり 1.3 件以下、18 歳時 NCEA レベル 2 取得率 85%（いずれも 2017 年まで）等の内容が含まれている[12]。

しかし ERO が 2010 ～ 2011 年に学校評価を行った太平洋島嶼系在籍者のいる学校のうち、同教育計画を学習環境の改善に向けて十分活用していた学校は数校にとどまり、この計画について知らない学校も半数以上に上っていた。また太平洋地域に関するテーマや内容をカリキュラムに盛り込んでいる学校も少数に限られたままだったという（ERO, 2012）。

表 2-3-2 に見るように、諸指標は改善傾向を示してはいる。しかし、到達目標には達していない。マオリ、太平洋島嶼系以外の児童生徒とのさらなる格差縮小に向けて、太平洋島嶼系の子どもたちの文化的背景に応答的な教育実践をいかに広げていくかが、引き続き課題とされている。

（第 3 節　中村）

【註】

1　ワイタンギ条約には、英語版とマオリ語版に若干の相違があるが、1. 主権の譲渡に伴うマオリとイギリス国王とのパートナーシップの保障、2、マオリの価値や文化（言語を含む）や所有物（Taonga= 宝物）の保護の保障、3. マオリの政治的な参与や法的な権利における平等の保障が明記されている。

2　このように、多文化主義でも教育上、様々な文化を礼賛し尊重はするが、少数民族・多数民族間の教育・社会的不平等を是正しようとする積極的な意図を含まないものを「リベラル多文化主義」と言う。この多文化主義では“文化”を個々の人々が有する文化歴史そして伝統と規定しており、様々な文化のフェスティバルを催し、文化の多様性を賞賛しようとする（馬渕、2010）。

3　リベラル多文化主義にもとづく多文化教育の実施により各国の少数民族の教育水準や社会参加が促されていない事実を背景に、ニュージーランドの多文化教育研究者である May（1999）は「クリティカル多文化主義」にもとづくクリティカル多文化教育を説いている。この多文化教育では、「各国内の少数民族が、直面している教育上の不平等の問題や少数民族の政治的な参加の促進や、かれらがこうむっている社会的な不平等の改善という課題を各教科指導に積極的に直に取り上げる」。したがって、1999 年に教育省が発行した留学生や移民児童サポートのためのハンドブックの主旨も、「リベラル多文化主義」であると考えられる（松本、2011）。一方、「クリティカル多文化主義」にもとづく教育理念に基づき学校改革をニュージーランドで実践しているのがオークランドにある Richmond Road Primary School である。ここでは、マオリ語、サモア語など様々な言語のバイリンガル教育が行われていると共に、学校のカリキュラムも全く上記のクリティカル多文化教育の趣旨にしたがって変更されている。

4　ニュージーランドへの移民申請者に対してはニュージーランド政府は、英語能力の基準を設けているが、申請者の子供達で初等教育や中等教育に就学する 16 歳未満の児童生徒に対しては英語能力の基準を特に設けていない。

5　この文献は、アジア移民子弟の抱えている課題は単なる英語能力の問題だけでなく、文化的社会的に複雑な問題を含み、ニュージーランドの多数の学校はこうした移民受け入れの準備が充分にできていないと報告している。

6　こういった指摘は他に数多くのニュージーランド研究者が行っているが、代表的なものとしては、次の文献がある。East, M., Shackleford, N., & Spence, G.（2007）. Promoting a multicultural future for Aotearoa/New Zealand: Initiatives for change from 1989 to 2003. Journal of Asian Pacific Communication, 17（1）, pp.11-28.

7　ニュージーランド政府の「移民や難民の背景を持つ英語を母国語としない学習者に関する支援の詳細」に関しては以下のサイトを参照のこと http://www.minedu.govt.nz/NZEducation/EducationPolicies/Schools/EnglishForSpeakersOfOtherLanguages/FundingSupportInitiatives/ESOLFundingPolicy.aspx 異文化間コミュニケーション教育の観点からの指導と評価に関しては、多くの外国語教師達にとって新しい試みであり、教員達に経験や知識の不足がみられるため、政府に委託された諸大学が催すワークショップなどで頻繁に教員研修が行われている。尚、この観点からの NCEA の改定については、以下を参照のこと。Te Kete Ipurangi.（2011）. Alignment of NCEA standards with the

New Zealand Curriculum Retrieved 19th May 2011 from http://www.tki.org.nz/e/community/ncea/alignment-standards.php

8　テ・アホ・マトゥア及びクラ・カウパパ・マオリの教育実践については、伊藤(2007)を参照。

9　Ka Hikitia とはマオリ語で向上させる(step up)、引き上げる(lift up)、歩幅を伸ばす(lengthen one' s stride)ことを意味し、施策としては、マオリのマオリとしての教育における成功の享受を保証すべく教育システムのパフォーマンスを向上させることを意味しているとされる(Ministry of Education 2009)。

10　*Ministry of Education, Pasifika Education Plan: Monitoring Report*(https://www.educationcounts.govt.nz/topics/pasifika_education/pasifika-education-plan-monitoring-report より 2018 年 12 月 10 日ダウンロード)

11　Education Counts, Pacific Language in Education (http://www.educationcounts.govt.nz/statistics/pasifika-education/pacifika-in-/schooling/6044).

12　Ministry of Education, Pasifika Education Plan 2013 – 2017(http://www.minedu.govt.nz/NZEducation/EducationPolicies/PasifikaEducation/PasifikaEducationPlan2013.aspx).

【参考文献】

- 伊藤泰信(2007)『先住民の知識人類学：ニュージーランド＝マオリの知と社会に関するエスノグラフィ』世界思想社.
- 馬渕仁(2010)『クリティーク多文化異文化』東信堂.
- 松本晃徳(2010)'Maori Education, Biculturalism and Multiculturalism in New Zealand'『日本ニュージーランド学会誌』第 17 巻、pp.21-38.
- Benton, R. A., (1979) *Who Speaks Maori in New Zealand?*, Wellington: NZCER.
- Department of Education of New Zealand Government (1984). *Taha Maori: Suggestions for Getting Started*. Wellington: Department of Education.
- Education Review Office (ERO) (2012), *Improving Education Outcomes for Pacific Learners* (http://www.ero.govt.nz/National-Reports/Improving-Education-Outcomes-for-Pacific-Learners-May-2012).
- ERO (2010), *Promoting Success for Maori Students: Schools' Progress*, June 2010 (http://www.ero.govt.nz/National-Reports/Promoting-Success-for-Maori-Students-Schools-Progress-June-2010).
- Ferguson, P. B., Gorinski, R., Samu, T. W., with Mara, D., (2008) *Literature review on the experiences of Pasifika Learners in the classroom: A report prepared for the Ministry of Education*, NZCER.
- May, S. (1999). 'Introduction: Towards critical multiculturalism' In May, S. (Ed.), *Critical multiculturalism: Rethinking multicultural and antiracist education* (pp. 1-8). London: Routledge Falmer.
- May, S. (2004a). Accommodating Multiculturalism and Biculturalism: Implications for language policy In P. Spoonley, C. McPherson & D. Pearson (Eds.), *Tangata Tangata: The Changing Ethnic*

Contours of New Zealand (pp. 247-264). Southbank, Victoria: Thomson/Dunmore Press.

- May, S., (2004b), 'Māori-Medium Education in Aotearoa/New Zealand', in Tollefson, J. W. & Tsui, A. B. M. (eds), *Medium of Instruction policies: Which Agenda? Whose Agenda?*, Mahwah, N.J. : L. Erlbaum Publishers.
- Ministry of Education (1999) Non-English-speaking-background students: A handbook for schools. Wellington: Learning media.
- Ministry of Education (2008) *The English language learning progressions : The English language learning progressions facilitation manual for school self-access professional development. Wellington*, Learning Media.
- Ministry of Education (2009) Ka Hikitia – Managing for Success: Maori Education Strategy 2008-2012, Updated 2009 (http://www.minedu.govt.nz/~/media/MinEdu/Files/TheMinistry/KaHikitia/English/KaHikitia2009PartOne.pdf).
- Pang, D. (2002). Towards a framework for meeting the educational needs of Asian New Zealanders. *New Zealand Journal of Counselling*, 23 (1), p.47-58.
- Smith, G. H., (1990) 'Taha Maori: Pakeha Capture', in Codd, J., Harker, R. & Nash, R., Political Issues in New Zealand Education, 2nd edition, Palmerston North: Dunmore Press, pp.183-197.
- Statistics New Zealand and Ministry of Pacific Island Affairs (2010), *Education and Pacific peoples in New Zealand*, Welligton: Author.
- Tākao N., Grennell D., McKegg K. and Wehipeihana N., (2010) *Te Piko o te Māhuri: The key attributes of successful Kura Kaupapa Māori* (http://www.educationcounts.govt.nz/publications/tertiary_education/55460/1).
- Waitangi Tribunal (2011) Ko Aotearoa tēnei : A Report into Claims Concerning New Zealand law and policy affecting Māori culture and identity, Te taumata tuarua, Volume 2., Wellington: Legislation Direct., pp.417-436.

第4章 ニュージーランド

教育と労働の接続と教育の質保証
――高等教育制度

福本 みちよ

1869年設立のニュージーランドで最も古いオタゴ大学。医学、薬学、歯学を学ぶ学生が集う。

第1節　労働力の育成とその課題

急速に変化する社会情勢や経済環境をふまえ、産業界が求めるスキルを修得し、国際競争力を確保できるだけの人材を育成することは各国共通の課題である。この課題に対応すべく、どのような教育制度を設計するかは、各国によって違いが見られる。例えば厚生労働省による先行研究によれば、労働力育成の観点から見た各国の教育制度の特徴は以下のように類型化することができる（厚生労働省大臣官房国際課、2001：15-16）。

⑴ 職業能力の開発は個人の責任との考え方が強く、大学等と民間企業が密接に連携して行う職業訓練の比重の方が公的訓練の比重よりも高い。
⑵ 経済の低迷等による高い失業率打開のために思い切った改革を行い、国民一人一人が技能を身につけることにより、失業しても新たな職を得ることが容易になるための人材養成という観点が重要となっている。
⑶ IT関係の人材育成を迫られる一方で、国営企業の経営不振と大量の余剰人員の再就職を促進するための職業能力開発という観点も重要となっている。
⑷ 経済発展が著しく、産業界の需要に応える高度な能力を持った人材の養成が重要となっている。
⑸ 外資の積極的な導入により急速に工業化・IT化を進め、こうした産業構造高度化に対応した人材の育成とともに、低技能者の能力向上の観点が重要となっている。

2011年2月のカンタベリー地震の影響により、クライストチャーチを中心とするカンタベリー地区の経済は打撃を受け、しばらくは国全体で安定した経済成長の確保は難しかったものの、その後、住宅不足やインフラ事業の促進を背景とした建設業の活性化や、移民の純増による消費の伸び、好調なインバウンドの観光業等により成長率は堅調に推移し、2019年3月末年度の年間実質GDP成長率は2.7%になった。また2019年第3四半期の失業率は4.2%となっている。ニュージーランドは、⑵に該当する制度設計の時代から⑷へと移行しつつあると言える。

社会を支える労働力を育成するという観点から教育制度を見てみると、ニュージーランドは学校教育と職業教育・訓練の統合がより進んだ高等教育制度を有する国と言われており、まさに上記カテゴリー(2)で指摘される特徴は的を射ている。学校教育と職業教育・訓練の統合を可能としている背景には、全国資格の一元化がある。学校教育にもとづく資格認定と職業教育・訓練にもとづく資格認定を統一的に行う、幅広い分野での統一的な資格制度が国家レベルで確立されていることで、学習者自身の人生設計にもとづく進路選択をより容易なものとしている。

現在のニュージーランドにおいて、「より高い技術、より高い賃金、より高い生産性、そしてより高い経済成長へのパスポート」(The National Party, 2011：1)である高等教育が担う期待と責務は大きい。しかし一方で、そうしたシステムで育成した人材の海外(特にオーストラリア)流出、中でも高い技能を持った労働者の流出、いわゆる“頭脳流出”は社会問題となっている。いかに質の高い労働力を排出し、それをいかにニュージーランド社会に還元していくかが今後の大きな課題といえよう。

第２節　高等教育改革の展開

1. 1989年教育法制定による高等教育改革

1980年代後半に実施されたNPM理論にもとづく大規模な行政改革は、教育分野にも大きな変革をもたらした(第2部第1章参照)。高等教育セクターにおいては、第一に高等教育の全プロバイダー(次節参照)はすべて法人化され、大学以外のプロバイダーにも経営主体として「評議会」(Council)が設置されることとなった(1989年教育法165条)。これにより自治権が拡大されることとなったわけだが、評議会を中心とする自律的経営では投資に見合った効率性・効果性が重視されることとなった。

第二に、(高等教育に限定されることではないが)アカウンタビリティ確保の観点が重要視されるようになった。具体的には、経営戦略を明記した「チャーター」(Charter)を教育省との協議にもとづき作成することが義務づけられた。チャーターにもとづく経営の結果は「年次報告書」としてまとめられ、これには会計検査院等の監査が必要とされた。

第三に、高等教育財政のしくみが大幅に改訂された。政府からの公的助成金配分の仕組みが大幅に変更されたことにより、各機関は全経費を助成金により賄うことはできず、学生からの授業料徴収により補てんすることとなった。これは学生にとっても大きな変革を意味し、学生によるストライキなど社会的混乱も招いた。また助成金の配分に際しては、学生数や教育成果が大きく作用するため、どの機関も学生獲得や質の向上のための諸改革に奔走することとなった。NPM理論にもとづく教育改革は、高等教育セクターにおいても競争主義による成果を求めたのである。

2. 2002年教育改革（高等教育改革）法制定以降の高等教育改革

こうした1989年教育法による改革は、1999年の政権交代により大きく変貌することとなる。すなわち、「競争」主義から「協同」「協力」への方向転換である。その結果、高等教育セクター全体のあり方が見直され、「共有ビジョンの形成」とそれにもとづく「システム再編」への指向性が強まっていった。具体的には、2002年教育改革（高等教育改革）法の制定により、政府は高等教育システムが国家全体の社会的・経済的目標の達成に対してどのような貢献を果たすのかということについての「高等教育戦略（Tertiary Education Strategy）」および「高等教育優先事項（Statement of Tertiary Education Priority）」の策定を打ち出した。これを受け、各高等教育プロバイダーはそれら戦略ツールにもとづく経営が求められるようになり、具体的には3年次経営計画としての「プロファイル（Profile）」を作成し、その達成を図ることが求められた。加えて、2003年には高等教育委員会（Tertiary Education Commission）」が設置され、高等教育セクター全体を通した財政管理、システム管理の中枢を担うこととなった。

3. 新政権による職業教育・訓練システム改革に向けた動き

第1章第2節で述べた新政権による教育制度全般にわたる大改革（Education Work Programme）は高等教育段階にも及び、2018年に教育省および高等教育委員会（TEC）による職業教育・訓練システムの大改革（Institutes of Technology and Polytechnics（ITP）Roadmap 2020 project）が始動した。学校ガバナンス改革を企図したTomorrow's Schools Review（133頁参照）同様、ITP Roadmap 2020においても、これまでの制度の徹底した検証を行い、新たなシステム設計に向けた方向性を模索している。

従来の職業教育・訓練システムは、①各地域間の強固なネットワーク、②多様なニーズに適応可能な体験重視型の学習、③多様な学習者に効果的なシステム、④業界をサポートし、業界によってサポートされるシステムという四つの主要なテーマを軸として制度設計がなされてきた。そして現在、全国で16ある職業教育・訓練機関は、政府から年間約5億NZドルの財政補助金を得てプログラムを展開しており、すべてが自治的なクラウン・エンティティである。

一方で、多くの職業教育・訓練機関が学生数の減少、特に留学生以外の国内学生の激減にともなう深刻な財政状況の変化と直面しており、抜本的な制度改革は不可避的な状況にある。今後政府は、次世代に国家が求める技術力を提供し、かつ各地域の発展を支えることを可能とする持続可能な職業教育・訓練システムの確立に向けて改革を展開していく。

第3節　高等教育制度の概要

1.　高等教育制度の構造

ニュージーランドの高等教育セクターは、職業教育・訓練から高等教育、職場訓練、生涯学習、後期中等教育で行われる高等教育プログラムと多岐にわたる。それらのプロバイダー（Tertiary Education Organisations：TEOs）は、1989年教育法162条（Education Act 1989）をもとに、主として以下のように分類される。

(1) 高等教育機関（Tertiary Education Institutions：TEIs）

1）大学（University）

学部、大学院レベルの高等教育と研究を担う。

2）工科大学（Institute of Technology）およびポリテクニク（Polytechnic）

職業訓練に焦点を当て、実務資格取得を主目的としている機関である（後述）。

3) ワナガ (Wananga)

先住民マオリの慣習に従ってマオリの文化・伝統を学び実用化していくことを目的としている機関である。

(2) 民間訓練機関 (Private Training Establishments：PTEs)

特定のニーズ (需要、客層) を持つ小規模領域の教育・訓練を担う。

(3) 職業訓練機関 (Industry training organisation：ITOs)

特定の産業もしくは産業団体により設立される職業訓練機関である (後述)。

(4) その他

成人教育、コミュニティ教育、後期中等教育で行われる高等教育プログラムなどを提供する。

このように TEOs は多岐にわたるものの、教育財政面ではそれらは統合して一括されたシステムとなっている。また、これらのうち高等教育機関はすべて国立である。2017 年現在、TEOs に在籍する学生の総数は約 343,000 人で、大学は 8 校、ポリテクニクが 16 校、ワナガが 3 校、民間訓練機関が 1,401 校、職業訓練機関が 12 校となっている。

ニュージーランドでは日本と異なり、大学 (University) の数が急激に増加することはない。1895 年にオークランド実業専門学校 (Auckland Technical School) として創設された現オークランド工科大学 (Auckland University of Technology) は、1989 年に実業専門学校からオークランド工科学校 (Auckland Institute of Technology) となり、さらに 2000 年に教育省から大学自治権が与えられたことにより工科学校から大学に昇格した最初の大学である (この昇格にともない、名称もから Institute から University となった)。これにより、大学がそれまでの 7 校から 8 校となった。現在のところ、これに続く同様の昇格事例はない。これは、1989 年教育法 162 条 4 項により、大学とそれ以外の高等教育機関との専門性の違いを明確に示していることによる。それだけに大学の社会的責任は大きく、当然のことながらその質は保証されなければならない。

2.　全国統一資格制度

前述したように、ニュージーランドには学校教育と職業教育・訓練を通じた全国統一資格制度（NZQF、**図 2-4-1**）がある。高等教育の領域が多岐にわたるだけにそこで得られる資格も多種多様であるが、それらはすべて NZQF にもとづくものとなっている。1990 年に創設された制度である。

学習者は、教育達成度に応じた資格を取得し、学校教育修了後の経済的社会的成功につなげていく。NZQF は幾度かの改訂を経ており、現在の NZQF は 2016 年 5 月に施行されたものである。この NZQF を管理しているのが、ニュージーランド資格審査機関（NZQA）である。

NZQF は、レベル 1（サーティフィケート 1）からレベル 10（ドクター 10）の 10 段階に分かれており、それぞれの資格（レベル）のねらいと取得に必要な学習到達度等が NZQA により規定されている。レベル 1 ～ 3 は、後期中等教育段階での全国資格認定試験（NECA）と同様のレベルとなる。通常、11 学年（Year 11、いわゆる高校 1 年生）でレベル 1、12 学年（Year 12、いわゆる高校 2 年生）でレベル 2、13 学年（Year 13、いわゆる高校 3 年生）でレベル 3 の内容の国内統一試験を年末（12 月）に受ける。テストの結果で規定の単位数が取得できた場合に

レベル	シークエンス
10	Doctoral Degree
9	Master's Degree
8	Postgraduate Diplomas and Certificates, Bachelor Honors Degree
7	Bachelor's Degrees Graduate Diplomas and Certificate
6 5	Diplomas
4 3 2 1	Certificates

図 2-4-1　ニュージーランド統一資格枠組み

出典：NZQA, *The New Zealand Qualifications Framework Version 2.0*, 2011 をもとに作成

限り、そのレベルの国内資格が取得できるというシステムになっている。

各TEOsは、いかに上級資格（特にバチェラーもしくはポストグラデュエイトレベル以上）の取得率を上げるかが、その教育成果として重要視されている。一方で、この制度の質を維持していくのがNZQAの重大な責務となっている。

第4節　教育と労働の接続――職業教育・訓練システム

前述したように、ニュージーランドの高等教育制度は学校教育と職業教育・訓練の統合という点に特徴を見出すことができる。これは、産業界のニーズをふまえた雇用政策と教育政策の連動による労働力の育成という観点からの制度設計がなされていることを意味する。

ニュージーランドにおける職業教育・訓練システムは、大きく四つのカテゴリーに分類することができる。第一に、工科学校およびポリテクニク（ITPs）における職業教育コース、第二に職業訓練機関（ITOs）による職業教育・訓練、第三に大学やワナガ等におけるプラクティクムやインターンシップ等による職業教育・訓練、第四に中等学校における職業体験学習である。このうち本稿では、特に第一と第二についてその特徴をみていくこととする。

1.　ITPsにおける職業教育コース

工科大学およびポリテクニクは、学部レベルおよび大学院レベルの教育プログラムを提供する一方で、専門的かつ実践的な職業教育・訓練プログラムを提供する国立の教育機関である。ITPsはNZQFに即して資格を授与するが、これらは大学が授与する資格と同等のステータスを有する。2019年現在、全国に16機関が設置されている。

ITPsでは、実践的な職業教育・訓練を可能とするために、本格的なスタジオや作業場、工場、病院、その他の職場といった施設設備を有しており、質の高い職業教育・訓練の環境を整えている。また、学内での教育・訓練だけでなく、OJTも行っている。多様な就学形態を可能としており、フルタイムだけでなくパートタイム就学、週末や夜間クラス、オンライン学習等も可能としていることで、遠隔地教育にも対応している。再入学も可能である。

一例として、ユニテク（Unitec Institute of Technology）は、ニュージーランド第二の都市であるオークランドに三つのキャンパスを有し、ニュージーランド国内だけでなく世界80か国以上から約23,000人以上の学生を抱える大規模なITPsである。ここで学ぶ学生の文化的・民族的背景、教育歴、年齢は多様であり、入学目的もさらなる上級資格の取得や、キャリアアップのための専門的職業教育の受講、留学、働きながらの職業訓練の受講、成人教育、修士号取得のための再入学など、様々である。提供する学習領域も、会計学・財政学、建物技術、コンピューター、建築学、情報技術、建設管理、デザイン・視覚芸術建築、言語学、マーケティング、自然科学、看護学、芸術、スポーツなど、非常に幅広く網羅されている。一方、教授陣を見てみると、教員は必ずしも研究者であることは求められないが、企業等現場での職業経験が求められ、いわゆる実務家教員が主となっている。

大学とは異なり、学習者の多様なニーズに対応するとともに、ここでの学びが労働の場に直結することを重要視していることが大きな特徴といえよう。一方で、これだけ幅広い領域について大学に匹敵する資格取得を可能とすることは容易なことではない。質の高い教員の確保、学習環境の整備、カリキュラム整備など、常に質の高い教育の保証に向けた取組が求められる。

2. ITOsによる職業教育・訓練

ITOsは、特定の産業がその業界で必要とする専門的人材を養成することを目的として設置された職業教育・訓練機関である。ITOsでの教育・訓練内容は、その産業界における全国的技術スタンダードにもとづき構成される。ITOsの設置にあたっては、国からの承認が必要であり、設置者となる企業（業界）と政府の両方から資金援助を受け運営されている。2017年現在、承認されているITOsは12機関である（**表2-4-1**）。ITOsの設置されている地域をみていると、認可機関については主要都市（ウェリントン、オークランド）を中心にすべて北島に集中している。

表2-4-1からわかるように、ITOsは第一次産業から製造業、建築業、小売業など、幅広い業界を網羅している。一例として、表2-4-1にある建築・建造産業訓練機関（BCITO）は、建築分野の産業資格を開発・提供するために政

表 2-4-1　認可職業訓練機関一覧（ITOs）

建築・建造産業訓練機関（Building and Construction Industry Training Organisation）
キャリア・フォース（Careerforce）
コンペテンズ（Competenz）
コネキシス（Connexis Infrastructure ITO）
ニュージーランド葬儀サービス訓練トラスト（Funeral Service Training Trust of New Zealand）
ミトー・ニュージーランド（MITO New Zealand Incorporated）
ニュージーランド調髪産業訓練機関（NZ Hair and Beauty Industry Training Organisation Inc）
ニュージーランド海洋産業訓練機関（NZ Marine and Composites Industry Training Organisation）
第一次産業訓練機関（Primary Industry Training Organisation）
サービス IQ（ServiceIQ）
スキル・アクティブ・アロテアロア（Skills Active Aotearoa Limited）
ザ・スキル（The Skills Organisation）

出典：NZQA, Accredited Industry Training Organisations, http://www.nzqa.govt.nz/for-business/ito.do を元に作成。

府から指定された ITO である。BCITO は、建築産業界内で以下のセクターに関する技術スタンダードを設定する役割を有している。すなわち、大工仕事、セメント・コンクリート、床・壁のタイル貼り、フレームとトラスの製造、インテリア、石膏・クラッドシステム、左官、レンガ・ブロックの敷設、歴史的な石積みの仕事、建設マネジメント、建築技術、数量測量、といった領域である。学生は、BCITO でこうした領域の専門技術を学び、該当する資格を取得し、卒業後に建築業界での就職を目指すこととなる。

こうした ITOs の設置は、1992 年に制定された職業訓練法（Industry Training Act）にもとづくものである。1980 年代後半の経済改革、いわゆるロジャー・ノミクス以降、ニュージーランドでは自由化による経済改革が展開していく。その中で労働市場も大きく変化し、それに対応した人材育成が求められることとなる。そこで 1992 年職業訓練法が制定され、1990 年に導入された全国統一資格制度（前述）を職業教育・訓練においても連動させることにより、産業界が必要とする人材を積極的に育成する制度を確立させたのである。

第５節　高等教育における質保証システム

これまで述べてきた高等教育制度の要となるのが教育の質保証である。高等教育関連の政策資料を見ていると、「投資に見合った成果」(“value-for-money”)という言葉が多用されていることに気づく。高等教育改革の最大のねらいは、いかに上級資格取得者を増やし、質の高い労働力を社会に送り出すかという点に尽きる。そのために、公費助成を得ているすべての高等教育機関が、財政的・教育的・経営的質の保証が要求されるのは当然と言える。近年の政策により、低いレベルや短期の趣味的なコースへの公的資金援助を削減するとともに、各高等教育機関の教育成果と連動した財政配分システムが導入されている。ニュージーランドの教育機関はすべてNZQAの認可を受けており、一定の水準が保持されるシステムになっているものの、いずれの高等教育機関もまさに投資に見合った成果を出さない限り、機関存続が危ぶまれるという危機感と常に隣り合わせの状態にあるわけである。

高等教育行政において主要な役割を果たしているのが、教育省、高等教育委員会(TEC)、NZQA、キャリア・ニュージーランドである。このうち、教育省は高等教育政策全般の開発・実施に責任を有するが、その中でも特に重要なのが「高等教育戦略」である。現在は、「高等教育戦略2014-2019」にもとづき高等教育のねらいや優先課題が設定され、それをもとに各高等教育機関が独自の教育戦略を立案・実施している。こうした高等教育戦略について助言するとともに、高等教育財政を管理するのが2003年に設立されたTECである。そしてNZQAは、先に述べた全国統一資格制度だけでなく、高等教育機関の質保証システムの維持管理の責務を有している。また、キャリア・ニュージーランドは、職業選択に関する情報提供やアドバイス業務を行っている。

高等教育における質保証システムは、1989年教育法にもとづきNZQAが設定しており、次の四つの要素により構成される。すなわち、①教育課程の承認・設置者認可、私立高等教育訓練機関の登録、NZQFに則って各機関が設定した資格の認可等、一連の承認・認可、②高等教育機関による自己評価(self-assessment)、③第三者評価、④法令順守、である。これらの業務を遂行するのが、NZQAと「ニュージーランド学長委員会(UNZ)」である。NZQAは大学以外のすべての高等教育機関、UNZは8大学を担当している。

大学以外の高等教育機関と大学の質保証プロセスにおいては、担当機関以外にもいくつかの違いが見られる。特に、上記③の第三者評価については、大学以外の高等教育機関の場合はNZQAが作成した「高等教育指標」(Tertiary Evaluation Indicators)にもとづき、4段階で評価される。主たる評価の観点は、教育活動の質および自己評価能力である。第三者評価は年間スケジュールにもとづき行われるが(1日に3～7機関程度の評価が行われている)、各機関いずれも最低4年に1回は第三者評価を受けることになる。

一方、大学についてはUNZが責任を有している。UNZは、8大学の学長により構成される委員会であるが、実際の評価業務はUNZ内に置かれている評価担当部署が実施している。大学の評価は、ピアレビューによって行われる。新たな資格の設定、入学条件の変更、科目名の変更等、大学から申請があった場合に実施される。このプロセスを経て、大学が授与する資格が認可されるとNZQFにリストアップされ、TECによりその資格取得のためのコースに対して補助金を得る資格が与えられる。

いずれの評価においても共通する点は、各機関による自己評価を基盤とし、自己評価能力が問われている点である。ニュージーランドの高等教育における質保証システムは、多様な指標が複雑に絡み合って運用されている。高等教育における成果は、留学生によって大きく左右されるという現実があり、国内学生の教育達成度をいかに向上させていくかは、長年の課題となっている。それゆえ、高等教育における質保証システムは年々複雑化しているように思われる。

【参考文献】

- 金恵成(2005)「ニュージーランドの産業訓練システムに関する考察」『大阪明浄大学紀要』第5号.
- 厚生労働省大臣官房国際課(2001)『2000～2001年海外情勢報告』(要約版).
- 杉本和弘(2004)「ニュージランド―「競争」から「協同」への高等教育政策転換」馬越徹『アジア・オセアニアの高等教育』玉川大学出版部.
- 水田健輔(2007)「ニュージーランドにおける高等教育ファインディングの改革」

国立大学財務・経営センター『大学財務経営研究』第４号.

・ Vaughan, K.（2012）, *The integration of work and learning in New Zealand: A working paper*, New Zealand Council for Educational Research.

・ Ministry of Education（2014）, *Tertiary Education Strategy 2014-2019*, New Zealand Government.

・ National Party（2011）, *Tertiary Education: Building a Strong Economy*.

補論

学校経営とリーダーシップ

――オーストラリアとニュージーランドの優れた校長

佐藤 博志

「皆が協力すれば、より多くのことを達成できる。」これは、オーストラリアの公立小学校の校長室に飾ってあった標語である。近年のオーストラリアでは、市場原理の導入により、効率化が要求され、学校組織の協働も求められている。日本で長く実践されてきた学校組織の協働が、オーストラリアでも登場したことは、グローバリゼーションの一つの現れであろう。

第1節　教育改革の展開と校長の位置

今日、人工知能の発展、インターネットによる物の結合、ビッグデータの収集を軸に、第4次産業革命が起こっている。こうした中、知識を習得し、探究する能力の育成が求められている。児童生徒は、学習レディネスや価値規範の多様化が進み、学習ニーズの多様化が顕著になっている。このような状況の中、政府と教育行政は、時代に対応した教育政策を策定している。だが、どのような教育政策であっても、その実現の場は学校である。学校において個々の教員の実践は重要であるが、教員に委ねるだけでは、実践の質と方向性が分散してしまう。校長のリーダーシップの下、組織として学校全体でより良い授業や教育成果の実現を目指す必要がある。ここに校長による学校経営の意義がある。そこで、教育政策における校長の位置づけをオーストラリアとニュージーランドの間で対比し、日本への示唆を考えてみたい。

オーストラリアの教育政策文書において、校長のリーダーシップの重要性は次のように指摘されている。「スクールリーダーは、継続的な学びと成長を通して、個人の達成度を上げることに貢献する必要がある。スクールリーダーは、教育上の卓越性の達成を最も重要な仕事にする義務があり、学習するリーダーとして自らの専門性の成長を支える必要がある。校長は学校とシステムの改善への貢献を最大にするために、教育のリーダーとしてエンパワーされ、キャリアの各段階で成長することを支援される必要がある。」(Gonski, 2018：13)

このように、オーストラリアでは、スクールリーダーや校長が、生徒の学習成果の向上にゆるぎないコミットメントを行うことが明確にされている。この文書は、「ゴンスキ 2.0」(Gonski 2.0) と呼ばれるもので、総理大臣と連邦政府教育大臣に対する2018年4月の答申である。この答申は、2018年12月にオーストラリア政府審議会(COAG)が策定した「全国学校改革合意(National School Reform Agreement)」の基盤の一つになっている。「ゴンスキ 2.0」では、(1) 学習基盤の確立、(2) 社会変化に対応した能力の育成、(3) 教育専門家の支援と尊重、(4) スクールリーダーのエンパワーと支援、(5) イノベーションと改善を通した学習意欲向上（研究とデータの活用）という五つの提言を示している。⑷に関して、具体的には、校長専門職基準の改訂、校長の学校改善のための自律性の確保、スクールリーダーのキャリア形成過程の構築、高い質のスクールリーダー研修の提供を提言している。

ニュージーランドでは、大規模な教育改革が断行されようとしているが、その方向性に関する議論の中でも、校長の役割は重視されている。今後の教育改革の最初の素案である「私たちの学校教育の未来：共に強くする（Our Schooling Futures: Stronger Together）」では、校長は学校改善の中心であり、その力量形成の方法を明確にすることが求められており、リーダーシップセンターの設立を提案した。そこでは、「リーダーシップ能力を開発するための一貫した研究ベースのアプローチを支持する」とされている。（Haque, 2018：18）

これに対して、日本の様子は少し異なっている。2018年3月の中央教育審議会答申「第3期教育振興基本計画について」は、2018年6月閣議決定の第3期教育振興基本計画のベースとなったものであるが、スクールリーダーという言葉は一切登場せず、校長に関する記述も次のように限定的である。「校長のリーダーシップの下、特別支援教育コーディネーターを中心とした校内支援体制を構築するとともに、最新の知見を踏まえながら、全ての教職員が障害や特別支援教育に係る理解を深める取組を推進する。」「校長のリーダーシップの下、カリキュラムや、日々の教育活動、学校の資源が一体的にマネジメントされ、教諭はもとより、養護教諭、栄養教諭、事務職員、心理や福祉、法律相談等の専門家（専門スタッフ）等の多様な人材が、それぞれ異なる専門性を生かし、連携・分担して子供たちに必要な資質・能力を身につけさせることができる学校（チームとしての学校）の実現に向け取り組む。」「各地域における教育委員会と大学等が教師の資質向上に係るビジョンを共有するための協議会において策定される「校長および教員の資質の向上に関する指標」等に基づく取組を促進する。」

日本の教育政策における学校経営関連の記述は、特別支援教育、チームとしての学校、資質向上の指標に限定されている。校長やスクールリーダーは各論的に扱われており、教育改革や学校改善の中軸に位置づけられていない。一方、オーストラリアやニュージーランドでは、校長の役割を重視するとともに、学校改善や校長の力量育成に関して、研究を重視している。研究と経験の相補的関係によって直観的判断力やビジョンが生じることはミンツバーグも指摘している（ミンツバーグ、2006：125-127）。校長のイノベーションや学校改善の力量を形成するためには、日本でも研究的な観点も本来不可欠なはずである。研究は校長の自律的な思考と判断のベースの一つだからである。

このように日本とオーストラリアおよびニュージーランドの間では、教育改革における校長の位置づけに相違点がある。この違いはどのように出てくるのか。それは、次節で述べるような学校の自律性の違いである。

第２節　自律的学校経営システム
――校長のリーダーシップの環境

1．オーストラリアの自律的学校経営

オーストラリアは、日本に比べて学校の自律性が高い。自律性とは、自分で意思決定を行うことを意味する。自律性の高い学校は、教育課程編成、予算編成、人事運営の意思決定に関する裁量が委譲された学校である。児童生徒の教育ニーズに対応した教育実践を実現するために、最適化された意思決定を行う必要がある。もちろん、意思決定は、一定のビジョンと経営計画に基づいている必要があり、具現化のためには、校長のリーダーシップも要請される。

オーストラリアでは、自律性の高い学校は自律的学校経営（Self-Managing School）と呼ばれている。自律的学校経営はブライアン・コールドウェル（Brian Caldwell）によって、提唱されたものである。コールドウェルは1980年代にタスマニア州（Tas）で試行されていた学校裁量予算の事例研究を行った。その研究成果をもとに、オーストラリアで自律的学校経営が提案された（佐藤、2009）。

コールドウェルは、1970年代にカナダのアルバータ大学に留学中に、アルバータ・エドモントン学区における学校予算裁量の拡大を研究していた。この時の経験を背景に、コールドウェルは学校予算裁量に着目したのである。

ただし、当時のエドモントン学区では、学校裁量予算は導入されていたものの、学校審議会のような参加型の合議的意思決定機関は導入されていなかった。Tas の事例では、学校裁量予算と合議的意思決定機関（学校審議会）の両方が導入され、経営サイクルとして展開していた点が 1980 年代として先進的であった。

その後、1990 年代に入ると、コールドウェルの提唱した自律的学校経営は、Vic において政策化されることになった。その政策は、1993 年に策定された「未来の学校」（Schools of the Future）である。この政策では、教育政策の指針の下、教育課程編成、予算編成、人事運営に関する権限が州内の全公立学校に移譲された。地方教育行政事務所は、学校を支援する体制を取るようになった。オーストラリアにおける自律的学校経営は、Vic で先駆的に導入されたのである。そこでは、校長のリーダーシップがこれまで以上に重視されるようになった。2000 年代以降も、Vic における自律的学校経営は優れた改革として維持された。2000 年代には学校への支援と校長やミドルリーダーの職能成長がより手厚く行われるようになった。当時、イギリスでも、国立スクールリーダーシップカレッジの創設によって、スクールリーダーの研修が重視されていたが、それと同じような傾向が Vic でも見られたのである。

Vic 以外では、1990 年代後半に Qld や ACT では、学校に基礎を置いた経営（School-Based Management）が提案された。だが、これは一部の学校で試行されるに留まり、全体には広がらなかった。WA では、2009 年からインディペンデント・パブリック・スクール（IPS）が導入され、一部の公立学校に予算に関する大幅な権限が委譲された。Qld では、2013 年からインディペンデント・パブリック・スクールを推進している。WA や Qld の政策は、まずは一部の学校で試行し、その後、少しずつ学校数を増加するものであった。連邦政府は、WA 等の動向を参考に、2017 年に、インディペンデント・パブリック・スクールを全国で推進する政策を策定した。もちろん、初等中等教育制度の運営は、各州・直轄区の責任の範囲内ではある。だが、連邦政府の権限が強まる中、連邦政府が政策的イニシアティブをとった影響は大きい。

このように、オーストラリアの学校経営は自律性が高く、校長のリーダーシップを発揮する環境が整っていると言える。ただし、その一方で、2008

年に導入された全国学力テスト（NAPLAN）およびその結果の公表の影響は看過できない。全国学力テストの各学校の結果は、2010年以降、私の学校ウェブサイトで公表されている。このような方式は、学校経営と教育方法の方向性に強い影響を与えている。学力テストのデータはどのように使うかが問われるものであり、参考にとどめてテスト偏重主義にならないように留意することが必要と考えられる。

2. ニュージーランドの自律的学校経営

ニュージーランドの学校は、もともと1980年代まで集権的な教育委員会制度の下に管理されていたが、1989年の「明日の学校」によって、大きな改革が断行された（笹森、1989：166-167, 171-172）。「明日の学校」はニューパブリックマネジメントの理念に基づき、教育委員会を廃止するとともに、教育課程編成、人事運営、財務運営に関する権限を学校に委譲した（Wylie, 2009：7-9）。学校には、学校理事会（BOT）が設置され、保護者代表が学校の意思決定に参加するようになった。学校理事会は、チャーターという学校経営の方針を策定するとともに、校長の人事も行うため、大きな権限を持っている。学校は、学校自己評価を行うが、教育機関評価局（ERO）による第三者評価を受ける必要がある。教育機関評価局と学校理事会に対するアカウンタビリティを果たすことが、校長の大きな責務となった。

学校の裁量拡大の結果、校長の仕事に事務的な仕事が増えたことや勤務時間が延びたことが指摘されている（Wylie, 2009：13-14）。第三者評価については、1990年代は厳格な評価に終始していたが、2000年代になって、学校改善のための支援を併せ持つようになっていった。だが、一部の学校理事会が適切な校長を選考しないなどの課題は残っていた（Haque, 2018：39, 98）。

地方教育行政の支援が充実しているオーストラリアと異なり、ニュージーランドでは独力で学校経営を行う必要があったのである。ニュージーランドの学校理事会の権限は、オーストラリアよりもイギリスの制度に類似して大きく、地域住民や保護者の影響力が非常に大きい。イギリスでは、市場原理の下、学校の組織運営や教育の質が担保される仕組みになっていた。だが、人口が少ないニュージーランドでは、市場の抑制が不十分であり、学校理事会構成員の再構築が容易ではない場合もあるため、学校理事会の運営や校長人事をめぐる諸課題が発生したと考えられる[1]。

このような背景から、2018年には、1989年の「明日の学校」の見直しが断行されることが決まった。約30年ぶりに大規模な教育改革が実施されることになったのである。その報告書が「私たちの学校教育の未来：共につよくする」である。これは、クリス・ヒプキンス（Chris Hipkins）教育大臣によって任命された「明日の学校」独立タスクフォース（Tomorrow's Schools Independent Taskforce）が作成したものである。同タスクフォースの委員長はバリ・ハック（Bali Haque）が務めた。

報告書では、学校間、生徒集団間の学力格差、PISAの学力低下、教育の質は学校間で多様性、学校改善の不十分さが問題点として指摘された[2]。そして、学校間の競争よりも公平と協働、標準化された学習よりも個別対応された学習を重視し、校長育成のためのリーダーシップセンターを設立し、現状に適した公平予算配分方式を再構築することが提案された。さらに、教育省は学校により影響力を発揮すること、新しい教育評価オフィス（Education Evaluation Office）を設置することが掲げられた。ガバナンス改革に関しては、学校理事会の権限が大き過ぎて、その運営が不適切な場合もあると指摘された。そして、約125の学校をカバーする「教育ハブ」（Education Hubs）が設置され、学校理事会の権限が校長に移管されることが提案された。「教育ハブ」は、現在の地方教育行政事務所（Ministry of Education regional offices）に代わり、学校理事会が担っている「ビジネスガバナンス（'business' governance）機能を持つと提案された。そして、学校間のネットワークをリードし、イノベーションと協働をサポートする。教育評価オフィスは、「教育ハブ」の評価を行うが、個々の学校の第三者評価は行わないと述べられている。校長人事について、学校理事会は選考過程に関与するが、「教育ハブ」と協働で行うこととされ、学校理事会は校長の雇用主体ではなくなるとされている。

これらの報告書には今後どのような軌道修正が加えられるのだろうか。法改正も必要なことから、改革案の実現には、3年から5年の期間がかかると言われている。本章の主題との関連で言えば、ニュージーランドでは、校長の役割の重要性が再認識されたことである。特に、授業や児童生徒の学びに校長の力が発揮されることが必要との問題提起がなされたことは、今後の校長の在り方を考える上で、重要な視点であろう。特に校長人事に関する学校理事会の権限が見直されることは、校長のリーダーシップ発揮の道筋を開くだろう。同時に、教育ハブと校長の役割分担、協働と支援の関係性が問われると推測できる。

第３節　校長専門職基準——**校長に求められる力量**

オーストラリア、ニュージーランドには、校長専門職基準が策定されている。これは、校長に求められる力量を公的に示したものであり、現職および未来の校長の専門的能力開発の指針である。校長専門職基準は、校長として不可欠な力量水準を示しており、個々の努力により基準を超える力量を持つことも期待される。

オーストラリアでは、元々、2011 年に「オーストラリア校長専門職基準(Australian Professional Standard for Principals)」が策定されていた。これが、2015 年に、「オーストラリア校長専門職基準とリーダーシップ・プロファイル(Australian Professional Standard for Principals and the Leadership Profiles)」に改訂された。リーダーシップ・プロファイルが付け加えられた理由は、具体的なリーダーシップについて明示し、現職校長と校長候補者の職能成長の指針とするためである(AITSL, 2015：5)。

校長専門職基準は、「リーダーシップの要件」と「専門的実践」が設定されている[3]。「リーダーシップの要件」は、「①ビジョンと価値：学校のビジョンの開発をリードし、価値(道徳、倫理、民主的価値)を涵養する。②知識と理解：現代リーダーシップの実践と理論に関する知識を持ち、その知識を学校改善に応用する。③人格と社会・人間関係の技能：知性、共感、回復、幸福と健康、省察、建設的な思考、コミュニケーション、文脈の配慮等、人格と人間関係に関する能力を持つ」である。「専門的実践」は、「①教えと学びのリード：チャレンジと支援を促す積極的文化の形成を通して、児童生徒に対する効果的な指導を導く。②自己と他者の成長：振り返りや専門的学びを通して、自己と同僚等の成長を促す。③改善、革新、変化のリード：同僚等と共に、ビジョンと計画を実施し、学校の改善、革新、変化をリードする。④学校マネジメントのリード：効果、安全、効率、アカウンタビリティ、成功、協働の観点から、学校のマネジメントをリードする。⑤コミュニティにコミットし共に働く：高い期待を持つ文化の形成、包摂、連携、児童生徒の尊重、生涯学習、多文化認識、先住民の文化の理解と和解、児童生徒・家庭・保護者のニーズの観点から、学校の幅広いコミュニティにコミットし、共に働く」である。

これらの基準に加えて、「リーダーシップの力点を通したリーダーシップ・プロファイル（Leadership Profiles through the Leadership Emphasis lens）」が設定されている。これは、運営（Operational）、人間関係（Relational）、戦略（Strategic）、体系性（Systemic）から構成される。学校経営の実施局面において、経営の領域を意識させるようになっている。

ニュージーランドの校長専門職基準は、小学校、中等学校の別になっているが、概ね類似しているので、中等学校の基準の要点を述べる。ニュージーランドの校長専門職基準の領域は、児童生徒の学習成果を向上するための「学校文化」「教育方法」「経営システム」「連携とネットワーク」から構成されている（Ministry of Education、2016）。例として、「学校文化」に関して言えば、学校ビジョンの形成、協働文化の促進、相互の尊重、多文化理解、安全の維持、学習中心の文化などが挙げられている。オーストラリアの基準と比べると、領域を基盤とした構成になっていることがうかがえる。

第4節　学校経営とリーダーシップ

1．優れた校長のリーダーシップ―オーストラリアとニュージーランド

オーストラリアの学校経営をガー、ドライスデール、ロングムイア（Longmuir）、マクロハン（McCrohan）の研究（Gurr, Drysdale, Longmuir and McCrohan、2017）に基づいて検討する。この研究では、二つの豊かな地域の学校として、ティバートン・カレッジ（Tiverton College）とフェアビュー・ハイスクール（Fairview High School）を事例として取り上げている。これらの事例校では、学校の環境には問題は無いが、教職員の不満や在籍者数の低下という問題点があった。いずれの校長も、学校裁量の大きいVicの自律的学校経営システムに肯定的

であった。そして、学校内の人間関係を高め、個人のニーズに対応した学習を取り入れ、生徒の生活を支援し充実したものとした。そこで発揮されたリーダーシップは、問題点を乗り越えるための挑戦であった。「学校の中心的価値と信念に再び関与し、少しずつの改善を越えて、ダイナミックな変化を行った」(Gurr, Drysdale, Longmuir and McCrohan, 2017：31) このような「豊かな地域における学校改善は、校長の個人的専門的な思想、経験によって、学校を変えて再構築するような革新と抜本的改善が起こっていく」(Ibid.：32) と指摘している。つまり、校長の理念、ビジョン、良好な人間関係の重要性等が示唆されている。

次に、ニュージーランドの学校経営をノットマンの研究 (Notman 2015) に基づいて検討する。この研究では、ニーズが高い (high need) 学校を事例として、校長の優れたリーダーシップについて考察している。ニュージーランドでは、困難な生徒が多く在籍する学校では、組織としての危機が問題であると指摘されている。組織としての危機とは、在学生徒数の減少により、予算、カリキュラムの柔軟性、教員数が減少し、教員のモラールが低下すること、そして学校理事会における解決できないほどの葛藤が生じることである。また、社会経済的な貧困が学校の背景にあると困難が増すと指摘されている。事例校は、遠隔地の 1 学年から 13 学年までの共学校、および 1 学年から 8 学年までの郊外の小学校と中学校 (intermediate school) の併設校である。このような学校において、必要とされることは分析力であると指摘している。すなわち「無断欠席者が多く、低学力の生徒が多い場合、まず、校長は、背景を見る必要がある。問題の原因は何なのか、ある態度はどこから来るのか、地域社会やその他の影響要因はどこから来ているのかを見る必要がある。なぜなら、そのことなしに、どのように対処していくかは分からないからである。」(Notman, 2015：40) ここに、本章の冒頭で指摘した校長の研究力への言及がある。

分析だけではなく、「地域社会で起こっていることへの共感と気づき、そして今後への期待を促すようなリーダーシップが求められる。同時に、今後への期待が潜在的なものであり、保護者にとって実現が容易ではない場合、時間がかかることも認識する必要がある。」(Ibid.：41) そして、社会の変化に対応し、教員の教育方法の改革を促していく。ただし、他機関との連携を通して生徒や家庭の精神的な問題に対応することも必要であり、同僚を勇気づける会話が教員のダブルループ学習において求められると指摘されている。総合的な考察として、ニーズが高い学校の優れた校長は、教育実践を改善するためのリーダーシップ、人間関係や共感に関する人格的なリーダーシップ、ビジョンや理念、意思決定に関する専門的なリーダーシップを発揮していると指摘している。

2. 優れた校長のリーダーシップ―オーストラリアの公立小学校の事例

筆者はオーストラリア・VicのA小学校で学校経営の事例研究を行った。この事例は機縁法に基づいて近隣のベテランの校長に紹介いただいた。具体的には、学校改善能力が高く、人柄もよく、地域や校長会における評判が高い近隣の校長を推薦いただいた。A小学校は、Vicメルボルンに位置する。教員数は43名、児童数は605名、英語以外の言語を家庭で使用する児童の割合は全校生徒の28%である[4]。保護者の社会階層は高い。全国学力テスト(NAPLAN)の成績は高い。例えば、小学校5年の読解の場合、小学校5年生の水準を超えている児童の割合は99%である。

学校のビジョンは「全児童が最善の達成を成し遂げ、社会に積極的に貢献できるように、児童を鼓舞し、チャレンジし、支援する情熱的な学習コミュニティを創造すること」である[5]。このビジョンを実現するために、「尊敬、責任、誠実、レジリエンス」を理念として、児童中心の教育方法を採用している。児童の声と参加を重視し、文脈を尊重した学習機会を提供している。最新のテクノロジーも学習に使用している。

学校の重点領域は授業力向上である。具体的には、教員の協働チームを編成し、授業研究に取り組んでいる。授業研究では、児童の声を尊重すること、生徒の次の成長に資することを重視し、その観点から他の教員にコメントする方針になっている。この他の重点領域は、英語、算数、理科の高い学力の育成、生徒の生活習慣と満足度の高い達成である。児童中心で文脈を重視した教育方法はこの学校の特徴となっており、芸術、音楽、理科、中国語にも力を入れている。教育実践におけるテクノロジー使用の研修も行っている。さらに、準備学年を「発見」、1学年と2学年を「創造」、3学年と4学年を「革新」、

5 学年と 6 学年を「リーダーシップ」と名付け、児童の段階的な発達を促している。

このような学校の取り組みは第三者評価において高く評価されている。ただし、第三者評価では、ライティングの学力が類似の背景を持つ他校に比べ非常に高いが、一方、算数については、さらに向上する余地があると指摘している。生徒の生活面については、安全で、刺激に満ちている学習環境であると好評価を与えている。

A 小学校の校長はどのようなリーダーシップを発揮しているのか。2018 年末の時点で、校長は 6 年間、A 小学校に在職している。大学卒業後、民間企業の勤務を経て、2000 年に教員になり、地方教育行政の職員、教員研修センターの職員も経験し、校長に登用された。児童中心の教育方法や授業研究を推進していることは、前述の通りである。教育方法における研修会では、「教師主導と生徒の立場を考慮した教育のどちらが望ましいのか」などを話し合っている。このほかに、校内研修について、学校裁量予算を活用して、教育関連民間会社（退職校長が運営している会社）の研修を二つ行っている。一つは組織マネジメント、もう一つは教育方法に関する研修である。

校長は、副校長との間に上下関係をつくらないことが大切だと考えている。保護者に対しては、開放的で、正直に対話し、信頼を形成することを心掛けている。同僚である教職員に対しては、教職員の福利と健康を尊重し、自分から話しかけること、関係性を形成すること、支援し、授業に可能な範囲で参加し、授業研究における支援を行っている。校内には、副校長、主幹教諭 1 名、本人（教諭 1 名）の 3 名によるメンタリングチームも編成されている。専門職の文化と交友が重要であり、積極性も大事であると考えていた。そして、良い学校文化を維持するためには、教員の人事が重要であるとも考えている。

A 小学校では、ビジョンが明確に設定され、人間関係力が重視されていることが明らかになった。学校の地域背景が豊かな場合、校長の人間関係力が鍵となる。この点は前述の先行研究と同様である。ただし、裁量予算を活用した効果的な研修の実施や人事の重要性にも校長は論及している。人間関係力と経営戦略力の双方が高い成果を生み出すためには重要であろう。つまり、学校のビジョンの下、人間関係と経営戦略にアプローチしながら、教職員の実践、保護者の協力、児童の活動や学びを促進することが事例校における校長のリーダーシップである。

第５節　考察—日本への示唆

オーストラリアとニュージーランドの学校経営は自律性が高く、校長のリーダーシップはきわめて重要である。学校裁量が大きいと様々なリソースを活用した変革が可能であり、オーストラリアとニュージーランドの校長の方が活躍の可能性が高いと言える。両国の教育政策では、学校経営における研究データの活用が重要であることも指摘されている。日本の学校は、予算編成の裁量でさえ不十分であり、裁量の拡大が一歩ずつ進められる必要がある。オーストラリアとニュージーランドの校長専門職基準では、優れた校長の資質力量として、ビジョンと戦略、知識と理解、人間関係、学校文化、体系性などが指摘されている。こうした力量は、学校文化、教育実践、連携とネットワークといった経営分野で活用されると言える。

オーストラリアとニュージーランドの既存の研究を総括すると、学校の地域背景が豊かな場合、校長の人間関係力や理念が改革の鍵となる。この点は、筆者が行った事例研究と共通性があった。一方、既存の研究によると、ニーズが高い困難な地域の学校では、分析力、気づき、共感、勇気づける会話などが校長に求められている。これに対して、日本では、分析力、言い換えれば研究力が校長のリーダーシップに不可欠な側面として確立していない。もちろん、研究力と分析力だけでは学校経営は成り立たず、人間関係や共感も重要である。しかし、研究力がないために、特にニーズが高い学校において、有効な教育的・経営的対策が取られていないことも、日本の現実であろう。日本の学校経営は、オーストラリアやニュージーランドの優れた実践から学ぶべき点が多くある。

【註】

1 この点は「人口集中地域で人材の多い地域社会はまだしも、地方においては「組織はあるが中身がない」危険性が予想される」(笹森、1989：172)とすでに指摘されている。

2 この段落の報告書に関する記述は、Haque (2018) の p.12, 15, 18-20, 29-30, 40-41, 49, 129, 131 に基づく。

3 以下、校長専門職基準のリーダーシップの要件の記述は AITSL (2015) の p.11, 21-23 の引用である。専門的実践の記述は同文献 p.11, 15-19 の引用である。リーダーシップ・プロファイルは同文献 p.25 を参照して記述した。

4 この記述と学力データは ACARA, My School Website 記載のデータに基づく。https://www.acara.edu.au/reporting/my-school-website (2019 年 1 月 26 日確認)

5 学校のビジョンと理念は A 小学校のホームページに基づく。以下、学校の重点領域は同校の Annual Implementation Plan (2017)、第三者評価は Peer Review Report (2017)、校長の認識については 2016 年 8 月 9 日に実施した聞き取り調査に基づく。

【参考文献】

- 笹森健 (1989)「ニュージーランドにおける教育行政改革」『教育学研究』第 56 巻第 2 号.
- 佐藤博志 (2009)『オーストラリア学校経営改革の研究―自律的学校経営とアカウンタビリティ』東信堂.
- ミンツバーグ (池村千秋訳) (2006)『MBA が会社を滅ぼす―マネジャーの正しい育て方』日経 BP 社.
- Australian Institute for Teaching & School Leadership (AITSL) (2015), *Australian Institute for Australian Professional Standard for Principals and the Leadership Profiles.*
- Gonski, D. (Chair), Review Panel (2018), *Report of the Review to Achieve Educational Excellence in Australian Schools*, Commonwealth of Australia.
- Gurr, D., Drysdale, L., Longmuir, F. and McCrohan, K., (2018), "The Leadership, Culture and Context Nexus: Lessons from the Leadership of Improving Schools", *International Studies in Educational Administration*, Commonwealth Council for Educational Administration and Management (CCEAM), Volume 46, Number 1.
- Haque, B. (Chair) (2018), *Our Schooling Futures: Stronger Together*, Tomorrow's Schools Independent Taskforce.
- Ministry of Education, NZ (2016), "Professional Standards for Secondary Principals".
- Notman, R. (2015), "Leadership in New Zealand high-needs schools: An exploratory study from the International School Leadership Development Network Project", *Scottish Educational Review*, 47 (1).

・ Wylie, C.（2009）, "Tomorrow's Schools after 20 years: can a system of self-managing schools live up to its initial aims?" , *New Zealand Annual Review of Education*, Vol.19.

あとがき

本書は、オセアニア教育学会に繋がる研究者によって約4年前に書かれた同名の書籍の改訂版である。オーストラリアとニュージーランド両国の教育に関する最新の研究成果に基づく入門書として、多くの人に読まれて改訂に至ったことは、関係者のひとりとして喜びに堪えない。

本書の構成やその内容については、編者による前書きに詳しく記されているので、ここでの繰り返しは避ける。ただ、現在両国の教育に関係する日本の主だった研究者が総力を挙げて執筆していることに触れておきたい。ひとくちに教育といっても、それぞれの執筆者の関心領域や問題意識は多様であるが、筆者の多くが両国の教育について、これまでに実に多くの論考を執筆しており、何名かは近年、その研究成果を単著として世に問うていることからも伺い知れる。そうした意味でも、本書が日本におけるこの領域の最前線の研究成果を反映させたものであることには疑いがない。ただし、本書には、執筆にあたりいくつかの困難を抱えていたことも事実である。あとがきでは、そこに触れておきたい。

その第一は、両国の教育を含む社会の変化が非常に速い、ある意味では日本国内からは想像もできないほどのスピードで変化してきていることである。政治の世界では、たとえばオーストラリアでは政権を担当する与野党が次々に変わってきたこと、それに連動する形で、連邦政府と州政府との関係もこれまでの見方では捉えきれないような様相を呈していることが挙げられる。一方、ニュージーランドでは本文にも書かれているように、高度福祉国家から大幅な財政難に陥った結果、社会や教育における多くの領域で変化を余儀なくされ、それが今も進行しているという背景がある。

もう少し具体的に述べてみよう。例を挙げると、教育の現場で、隔世の感のある事象がすぐに思い浮かぶ。たとえば、紙に書かれた書物の役割は格段に低下した。大学の学部などでは、紙に書かれた書物や論文を読んで課題をこなすことは大幅に減ってしまった。つい最近まで、検索をしながら充実した図書館で文献を探していたことが嘘のような光景である。日本でもウェブ上で参考図書や文献を読むことが少しずつ浸透しつつあるが、かの地では、紙媒体がほとんど使用されない場面にも遭遇する。変化のスピードが、好し悪しを別にして日本とは随分異なるのである。さらに、学校も大学も常に外部評価にさらされ、国内的にもさらには国際的にも、ランキングや評価を常に意識した運営（経営）が行われている。ともすれば外部評価が業務の負担になっているように感じられがちな日本の教育現場とは異なる世界である。そうしたコンテクストの中で、国際的に活躍できる（高度）人材を育成することが当然のこととして普及している両国を思うとき、日本国内での取り組みは、まことに遅々としたものと映る。社会や教育の変化についていくことの困難さは、両国の教育に関わる人々ですらよく口にしていることなのである。

しかし、本書の執筆者が抱いてきた研究上の難しさは、そうした変改の速さにのみ起因するものではない。一部の例外を除けば、執筆者の多くは、両国に留学や滞在経験はもつものの、日本に在住し、日本の大学に所属して研究を続けている。如何せん、オーストラリアへもニュージーランドへも、リサーチには長期休暇を利用して数週間の単位で出かけるより他にない。また近年、オーストラリアなど海外における学校・大学などの教育機関に外部の者が調査者として入ることの困難さが極めて高くなってきていることも事実である。

調査の際、リサーチャーとしての調査対象に関するインサイダー性（当該事項の内部の人間として関わること）とアウトサイダー性（当該事項へ外部者として関わること）という概念が取り上げられることがあるが、本書の多くの調査者は、殆どがアウトサイダーの立場でしか調査に関われないことになる。それが一概によくないということではないだろう。アウトサイダーだからこそ見えてくるものも、当然あるからである。また、インサイダーとアウトサイダーを二項対立的に峻別すること自体にも危険が伴う。

それでも本書の、例えば現地大学教員による大学における教育の実態などは、海外からの調査者には分かりづらい。また、両国の学校でよくみられるTeachers' Aide（補助教員）のシステムなどは、なかなか外部から伺い知ることは難しい。それは、両国の初等教育において、学校が保護者や地域にいかにオープンであるかを示す好例でもあり、日本への示唆も大きいと考えられるが、国内にいる教育関係者にはなかなか伝わってこない。かつて現地の教育省に身を置いていた者として、私はそのような距離をひしひしと感じることがある。

本書の一番の意義は、このような海外からオーストラリア・ニュージーランドを研究する上での困難さを、なんとか乗り越えようと果敢にチャレンジしていることなのかもしれない。冒頭でも触れたように、私は本書の執筆者のほとんどが所属し、研究成果を毎年の大会で発表し、紀要にも投稿しているオセアニア教育学会の運営に関わらせていただいてきた。学会の広報活動のようなことになって恐縮ではあるが、同学会では近年さまざまな企画を試みてきた。まず、これまでの両国の教育に関する書籍のレビューを、それらの本の執筆者と会員相互で忌憚なく行った。さらに、両国だけの知見で視野が狭くなることのないよう、カナダ教育学会との合同の大会をもったり、米・英・加・豪４ヵ国の比較を中心にした大会を開催したりもした。そうした中で指摘されてきたのは、日本でこれほど精力的に海外の教育の研究に取り組んでいる比較教育研究の成果が、その当該国の教育研究者からはどのように評価され得るのかという課題であった。その課題に向き合うべく最近は、主にオーストラリアからの研究者を招いて、先に述べたアウトサイダーでは見えない点への研究成果の交換などを行っている。

種々の点を述べてきたが、オーストラリアとニュージーランドの教育から、私たちがその変化の動態を含めて教えられるものは非常に大きいと言えるであろう。同時に、両国がたいせつに守ってきたものやオセアニア地方の教育の特異性から受ける示唆もさまざまにあると考えられる。さらに推し進めて検討していくならば、オーストラリア、ニュージーランドと、比較の単位を国のみに求めて考察や検討を加えていくこと、すなわち文化本質主義的な研究の隘路に落ち込むことにも、充分な留意が必要であろう。

多くの課題やテーマに対して、本書は一定の研究成果として、その内容を広く関心のある方々に提供することを願って改訂されたものである。願わくは、巷間に広く読者を得ることができ、活発な議論の契機になり得ることを切に願い、あとがきとさせていただきたい。

大阪女学院大学教授（前オセアニア教育学会会長）

馬渕　仁

執筆者紹介

(○印編著者、執筆順)

○**青木 麻衣子**(あおき　まいこ)

竹川 慎哉(たけかわ しんや)
愛知教育大学教育学部　准教授
名古屋大学大学院教育発達科学研究科博士課程後期課程修了　博士(教育学)
〈主要著書・論文〉
『批判的リテラシーの教育―オーストラリア・アメリカにおける現実と課題』明石書店、2010年(単著). What Counts as Critical Literacy in the Japanese Context: Its Possibilities and Practical Approaches Under the Global–National Curriculum. In J. Zacher Pandya & J. Avila (Eds.) *Moving Critical Literacies Forward: A New Look at Praxis Across Contexts* (pp. 146-159). 2013. New York, NY: Routledge. (共著).

木村　裕(きむら　ゆたか)
滋賀県立大学人間文化学部　准教授
京都大学大学院教育学研究科教育科学専攻博士後期課程学修認定退学　博士(教育学)
〈主要著書・論文〉
『オーストラリアのグローバル教育の理論と実践－開発教育研究の継承と新たな展開』東信堂、2014年(単著). 『子どもの幸せを実現する学力と学校―オーストラリア・ニュージーランド・カナダ・韓国・中国の「新たな学力」への対応から考える』学事出版、2019年(編著).

伊井　義人(いい　よしひと)
藤女子大学人間生活学部　教授
東北大学大学院教育学研究科総合教育学専攻博士課程修了　博士(教育学)
〈主要著書・論文〉
「オーストラリア・トレス海峡島嶼地域における「教育」―「システム」としての教育と「文化」としての教育」『人間生活学研究』(第16号)、2009年. 「社会的包摂を目的とした先住民教育政策―これまでの政策との共通点と相違点―」『オセアニア教育研究』(第18号)、2012年.

杉本　和弘(すぎもと　かずひろ)
東北大学　高度教養教育・学生支援機構　教授
名古屋大学大学院教育学研究科修了　博士(教育学)
〈主要著書・論文〉
『戦後オーストラリアの高等教育改革研究』東信堂、2003年(単著). 羽田貴史・米澤彰純・杉本和弘編著『高等教育質保証の国際比較』東信堂、2009年.

竹腰 千絵（たけこし ちえ）

沖縄カトリック中学高等学校 教諭
京都大学大学院教育学研究科博士後期課程単位取得退学　博士（教育学）
〈主要著書・論文〉
『トランスナショナル高等教育の国際比較―留学概念の転換』東信堂、2014年（共著）.『チュートリアルの伝播と変容―イギリスからオーストラリアの大学へ』東信堂、2017年（単著）.

我妻　鉄也（わがつま　てつや）

千葉大学アカデミック・リンク・センター　特任助教
桜美林大学大学院国際学研究科国際関係専攻博士後期課程単位取得退学　修士（大学アドミニストレーション）
〈主要著書・論文〉
『トランスナショナル高等教育の国際比較―留学概念の転換―』東信堂、2014年（共著）『私大ガバナンス・マネジメントの現状とその改善・強化に向けて』私学高等教育研究叢書、2018年（共著）..

馬渕　仁（まぶち　ひとし）

大阪女学院大学21世紀国際共生研究科　教授
Ph. D.（モナシュ大学）
〈主要著書・論文〉
『クリティーク　多文化　異文化―文化の捉え方を超克する』東信堂、2010年（単著）.『「多文化共生」は可能か―教育における挑戦』勁草書房、2011年（編著）.

齊藤　英介（さいとう　えいすけ）

モナシュ大学教育学部　専任講師
〈主要著書・論文〉
Saito, E., Atencio, M., Khong, T. D. H., Takasawa, N., Murase, M., Tsukui, A., & Sato, M. (2018). The teacher as a 'colony' : a case study of agentive responses to 'colonising' education policy in Vietnam. *Cambridge Journal of Education*, 48(1), 65-86. doi:10.1080/0305764x.2016.1240151, Saito, E., & Pham, T. (2019). A comparative institutional analysis on strategies that graduates use to show they are 'employable' : a critical discussion on the cases of Australia, Japan, and Vietnam. Higher Education Research & Development, 38(2), 369-382. doi:10.1080/07294360.2018.1529024

福本　みちよ（ふくもと　みちよ）

東京学芸大学大学院教育学研究科教育実践専門職高度化専攻（教職大学院）　教授
青山学院大学大学院文学研究科教育学専攻博士後期課程単位取得退学　修士（教育学）
〈主要著書・論文〉
『学校評価システムの展開に関する実証的研究』玉川大学出版部、2013年（編著）.「学校改善における「支援」の意義」日本教育経営学会編『現代の教育課題と教育経営』学文社、2018年.

高橋　望（たかはし　のぞむ）

群馬大学大学院教育学研究科　准教授
東北大学大学院教育学研究科総合教育科学専攻博士課程後期修了　博士（教育学）
〈主要著書・論文〉
「1980年代ニュージーランドにおける教育行政制度の再編―教育委員会制度の廃止に着目して」『比較教育学研究』第34号、2007年.「災害時における学校対応と復興―ニュージーランド・カンタベリー地震を事例として―」『比較教育学研究』第52号、2016年.

松本　晃徳（まつもと　あきのり）

Rutherford College 成人教育部非常勤講師
Ph.D.（モナシュ大学）
〈主要著書・論文〉
'Maori Education, Biculturalism and Multiculturalism in New Zealand'『日本ニュージーランド学会誌』第17号 . 'A Historical Analysis of the Politics on Multicultural Education in Australia-post the Galbally Report'『近畿大学教育学研究紀要』15巻，1989年.

中村　浩子（なかむら　ひろこ）

大阪国際大学国際教養学部　教授
東京大学大学院教育学研究科博士課程単位取得満期退学　修士（教育学）
〈主要論文〉
「ニュー・パブリック・マネジメント型教育改革の成立条件：ニュージーランド「明日の学校」改革における五つの潮流」『比較教育学研究』第52号、2016年.「ニュージーランドにおけるチャーター・スクールと社会統合：マオリ系とパシフィカ系に着目して」『比較教育学研究』第56号、2018年.

○佐藤　博志（さとう　ひろし）

索　引

事項

ア行

カ行

サ行

タ行

ナ行

ハ行

マ行

ヤ行

ラ行

ワ行

人名

■編著者略歴

青木　麻衣子（あおき　まいこ）
北海道大学高等教育推進機構　准教授
2006年3月、北海道大学大学院国際広報メディア研究科満期単位修得退学。日本学術振興会特別研究員（PD）を経て、2009年4月より北海道大学留学生センター講師、2018年8月より現職。博士（国際広報メディア）
〈主要著書〉
『オーストラリアの言語教育政策：多文化主義における「多様性」と「統一性」の揺らぎと共存』東信堂、2008年（単著）。『オーストラリアの教育改革—21世紀型教育立国への挑戦』学文社、2011年（共著）。

佐藤　博志（さとう　ひろし）
筑波大学人間系教育学域　准教授
1998年3月、筑波大学大学院博士課程教育学研究科教育基礎学専攻単位取得退学。以後、岡山大学准教授等を経て、2010年4月から現職。博士（教育学）
〈主要著書〉
『オーストラリア学校経営改革の研究—自律的学校経営とアカウンタビリティ』東信堂、2009年（単著）。『オーストラリアの教育改革—21世紀型教育立国への挑戦』学文社、2011年（編著）。『教育学の探究－教師の専門的思索のために』川島書店、2013年（編著）。

第三版　オーストラリア・ニュージーランドの教育—グローバル社会を生き抜く力の育成に向けて

2020年3月31日　　第3版第1刷発行　　〔検印省略〕

編著者©青木麻衣子・佐藤博志／発行者　下田勝司　　印刷・製本／中央精版印刷株式会社

東京都文京区向丘1-20-6　　郵便振替 00110-6-37828

〒113-0023　TEL (03) 3818-5521　FAX (03) 3818-5514　　発行所 株式会社 東信堂

Published by TOSHINDO PUBLISHING CO., LTD.
1-20-6, Mukougaoka, Bunkyo-ku, Tokyo, 113-0023, Japan
E-mail : tk203444@fsinet.or.jp http://www.toshindo-pub.com

ISBN978-4-7989-1578-4 C3037

東信堂

多様性と向きあうカナダの学校—移民社会が目指す教育	児玉奈々	二八〇〇円
カナダの女性政策と大学	犬塚典子	三九〇〇円
多様社会カナダの「国語」教育（カナダの教育3）	関口礼子・浪田克之介 編著	三八〇〇円
21世紀にはばたくカナダの教育（カナダの教育2）	小林順子他編著	二八〇〇円
ケベック州の教育（カナダの教育1）	小林順子	二〇〇〇円
トランスナショナル高等教育の国際比較—留学概念の転換	杉本均編著	三六〇〇円
チュートリアルの伝播と変容—イギリスからオーストラリアの大学へ	竹腰千絵	二八〇〇円
［第三版］オーストラリア・ニュージーランドの教育—グローバル社会を生き抜く力の育成に向けて	青木麻衣子・佐藤博志 編著	二〇〇〇円
戦後オーストラリアの高等教育改革研究	杉本和弘	五八〇〇円
オーストラリアのグローバル教育の理論と実践—開発教育研究の継承と新たな展開	木村裕	三六〇〇円
オーストラリアの教員養成とグローバリズム—多様性と公平性の保証に向けて	本柳とみ子	三六〇〇円
オーストラリア学校経営改革の研究—自律的学校経営とアカウンタビリティ	佐藤博志	三八〇〇円
オーストラリアの言語教育政策—多文化主義における「多様性と」「統一性」の揺らぎと共存	青木麻衣子	三八〇〇円
英国の教育	日英教育学会編	三四〇〇円
イギリスの大学—対位線の転移による質的転換	秦由美子	五八〇〇円
イングランドのシティズンシップ教育政策の展開—カリキュラム改革にみる国民意識の形成に着目して	菊地かおり	三二〇〇円
統一ドイツ教育の多様性と質保証—日本への示唆	坂野慎二	二八〇〇円
ドイツ統一・EU統合とグローバリズム—教育の視点からみたその軌跡と課題	木戸裕	六〇〇〇円
教育における国家原理と市場原理—チリ現代教育史に関する研究	斉藤泰雄	三八〇〇円
中央アジアの教育とグローバリズム	嶺井明子・川野辺敏 編著	三二〇〇円
インドの無認可学校研究—公教育を支える「影の制度」	小原優貴	三二〇〇円
タイの人権教育政策の理論と実践—人権と伝統的多様な文化との関係	馬場智子	二八〇〇円
バングラデシュ農村の初等教育制度受容	日下部達哉	三六〇〇円
マレーシア青年期女性の進路形成	鴨川明子	四七〇〇円
東アジアにおける留学生移動のパラダイム転換—大学国際化と「英語プログラム」の日韓比較	嶋内佐絵	三六〇〇円

〒113-0023　東京都文京区向丘 1-20-6　　TEL 03-3818-5521　FAX03-3818-5514　振替 00110-6-37828
Email tk203444@fsinet.or.jp　URL:http://www.toshindo-pub.com/

※定価：表示価格（本体）＋税

東信堂

書名	著者	定価
若手研究者必携 比較教育学の研究スキル	山内乾史編著	一七〇〇円
リーディングス 比較教育学 地域研究―多様性の教育学へ	近藤孝弘・中矢礼美・西野節男 編著	三七〇〇円
比較教育学事典	日本比較教育学会編	一二〇〇〇円
比較教育学の地平を拓く	山田肖子・森下稔 編著	四六〇〇円
比較教育学―越境のレッスン	馬越徹	三六〇〇円
比較教育学―伝統・挑戦・新しいパラダイムを求めて	M・ブレイ編著 馬越徹・大塚豊監訳	三八〇〇円
国際教育開発の研究射程―「持続可能な社会」のための比較教育学の最前線	北村友人	二八〇〇円
国際教育開発の再検討―途上国の基礎教育普及に向けて	小川啓一・西村幹子・北村友人 編著	二四〇〇円
ペルーの民衆教育―「社会を変える」教育の変容と学校での受容	工藤瞳	三二〇〇円
アセアン共同体の市民性教育	平田利文編著	三七〇〇円
市民性教育の研究―日本とタイの比較	平田利文編著	四二〇〇円
社会を創る市民の教育―協働によるシティズンシップ教育の実践	大友秀明・桐谷正信 編著	二五〇〇円
アメリカにおける多文化的歴史カリキュラム	桐谷正信	三六〇〇円
アメリカ公民教育におけるサービス・ラーニング	唐木清志	四六〇〇円
発展途上国の保育と国際協力	浜野隆・三輪千明 著	三八〇〇円
中国教育の文化的基盤	□□□著 大塚豊監訳	二九〇〇円
中国大学入試研究―変貌する国家の人材選抜	大塚豊	三六〇〇円
東アジアの大学・大学院入学者選抜制度の比較―中国・台湾・韓国・日本	南部広孝	三二〇〇円
中国高等教育独学試験制度の展開	南部広孝	三二〇〇円
現代ベトナム高等教育の構造―国家の管理と党の領導	関口洋平	三九〇〇円
中国の職業教育拡大政策―背景・実現過程・帰結	劉文君	五〇四八円
中国における大学奨学金制度と評価	王帥	五四〇〇円
中国高等教育の拡大と教育機会の変容	王傑	三九〇〇円
中国の素質教育と教育機会の平等―都市と農村の小学校の事例を手がかりとして	代玉	五八〇〇円
現代中国初中等教育の多様化と教育改革	楠山研	三六〇〇円
グローバル人材育成と国際バカロレア―アジア諸国のIB導入実態	李霞編著	二九〇〇円
文革後中国基礎教育における「主体性」の育成	李霞	二八〇〇円

〒113-0023 東京都文京区向丘1-20-6 TEL 03-3818-5521 FAX03-3818-5514 振替 00110-6-37828
Email tk203444@fsinet.or.jp URL:http://www.toshindo-pub.com/

※定価：表示価格（本体）＋税

東信堂

いま、教育と教育学を問い直す—教育哲学は何を究明し、何を展望するか	森田尚人・松浦良充 編著	三二〇〇円
教育的関係の解釈学	坂越正樹監修	三二〇〇円
教員養成を哲学する—教育哲学に何ができるか	林泰成・山名淳・下司晶・古屋恵太 編著	四二〇〇円
大学教育の臨床的研究—臨床的人間形成論第1部	田中毎実	二八〇〇円
臨床的人間形成論の構築—臨床的人間形成論第2部	田中毎実	二八〇〇円
人格形成概念の誕生—近代アメリカの教育概念史	田中智志	三六〇〇円
社会性概念の構築—アメリカ進歩主義教育の概念史	田中智志	三八〇〇円
アメリカ進歩主義教授理論の形成過程—教育における個性尊重は何を意味してきたか	宮本健市郎	七〇〇〇円
ネオリベラル期教育の思想と構造—書き換えられた教育の原理	福田誠治	六二〇〇円
マナーと作法の社会学	加野芳正編著	二四〇〇円
マナーと作法の人間学	矢野智司編著	二〇〇〇円
学びを支える活動へ—存在論の深みから	田中智志編著	二〇〇〇円
グローバルな学びへ—協同と刷新の教育	田中智志編著	二〇〇〇円
応答する〈生〉のために—〈力の開発〉から〈生きる歓び〉へ	高橋勝	一八〇〇円
子どもが生きられる空間—生・経験・意味生成	高橋勝	二四〇〇円
流動する生の自己生成—教育人間学の視界	高橋勝	二四〇〇円
子ども・若者の自己形成空間—教育人間学の視線から	高橋勝編著	二七〇〇円
文化変容のなかの子ども—経験・他者・関係性	高橋勝	二三〇〇円
アメリカ　間違いがまかり通っている時代—公立学校の企業型改革への批判と解決法	D・ラヴィッチ著　末藤美津子訳	三八〇〇円
教育による社会的正義の実現—アメリカの挑戦（1945-1980）	D・ラヴィッチ著　末藤美津子訳	五六〇〇円
学校改革抗争の100年—20世紀アメリカ教育史	D・ラヴィッチ著　末藤・宮本・佐藤訳	六四〇〇円
アメリカ公立学校の社会史—コモンスクールからNCLB法まで	W・J・リース著　小川佳万・浅沼茂監訳	四六〇〇円
〈コメニウスセレクション〉		
地上の迷宮と心の楽園	J・コメニウス　藤田輝夫訳	三六〇〇円
パンパイデイア—生涯にわたる教育の改善	J・コメニウス　太田光一訳	五八〇〇円
覚醒から光へ：学問、宗教、政治の改善	J・コメニウス　太田光一訳	四六〇〇円

〒 113-0023　東京都文京区向丘 1-20-6　TEL 03-3818-5521　FAX03-3818-5514　振替 00110-6-37828
Email tk203444@fsinet.or.jp　URL:http://www.toshindo-pub.com/

※定価：表示価格（本体）＋税

東信堂

大学の組織とガバナンス—高等教育研究論集第1巻	羽田貴史	三五〇〇円
2040年 大学よ甦れ—カギは自律的改革と創造的連帯にある	田中弘允・佐藤博明・田原博人 著	二四〇〇円
検証 国立大学法人化と大学の責任—その制定過程と大学自立への構想	田原博人・田中弘允・佐藤博明・田原博人 著	三七〇〇円
2040年 大学教育の展望—21世紀型学習成果をベースに	山田礼子	二八〇〇円
高等教育の質とその評価—日本と世界	山田礼子編著	二八〇〇円
国立大学職員の人事システム—管理職への昇進と能力開発	渡辺恵子	四二〇〇円
国立大学法人の形成	大﨑仁	二六〇〇円
国立大学・法人化の行方—自立と格差のはざまで	天野郁夫	三六〇〇円
大学は社会の希望か—大学改革の実態からその先を読む	江原武一	二〇〇〇円
大学の管理運営改革—日本の行方と諸外国の動向	江原武一・杉本均 編著	三六〇〇円
学長リーダーシップの条件	両角亜希子編著	二六〇〇円
大学経営・政策入門	東京大学 大学経営・政策コース編	二四〇〇円
大学経営とマネジメント	新藤豊久	二五〇〇円
大学戦略経営の核心	篠田道夫	三六〇〇円
戦略経営111大学事例集	篠田道夫	三六〇〇円
大学戦略経営論—中長期計画の実質化によるマネジメント改革	篠田道夫	三四〇〇円
カレッジ(アン)バウンド—米国高等教育の現状と近未来のパノラマ	J・J・セリンゴ著 船守美穂訳	三四〇〇円
米国高等教育の拡大する個人寄付	福井文威	三六〇〇円
私立大学マネジメント	㈳私立大学連盟編	四七〇〇円
私立大学の経営と拡大・再編—一九八〇年代後半以降の動態	両角亜希子	四二〇〇円
大学教学マネジメントの自律的構築—主体的学びへの大学創造二〇年史	関西国際大学編	二八〇〇円
学修成果への挑戦—地方大学からの教育改革	濱名篤	二四〇〇円
大学におけるライティング支援—どのように〈書く力〉を伸ばすか	関西大学ライティングラボ・津田塾大学ライティングセンター編	二四〇〇円
グローバルに問われる日本の大学教育成果	加藤真紀・喜始照宣 著	二八〇〇円
長期学外学修のデザインと実践—学生をアクティブにする	澤邉潤・木村裕斗・松井克浩 編著	三二〇〇円
大学再生への具体像—大学とは何か【第二版】	潮木守一	二四〇〇円
リベラル・アーツの源泉を訪ねて	絹川正吉	三二〇〇円
「大学の死」、そして復活	絹川正吉	二八〇〇円
大学教育の思想—学士課程教育のデザイン	絹川正吉	二八〇〇円

〒113-0023 東京都文京区向丘 1-20-6 TEL 03-3818-5521 FAX03-3818-5514 振替 00110-6-37828
Email tk203444@fsinet.or.jp URL:http://www.toshindo-pub.com/

※定価：表示価格（本体）＋税

東信堂

倫理学と法学の架橋—ファインバーグ論文選	J・ファインバーグ 嶋津・飯田編・監訳	六八〇〇円
責任という原理—科学技術文明のための倫理学の試み〔新装版〕	H・ヨナス 加藤尚武監訳	四八〇〇円
主観性の復権—心身問題から『責任という原理』へ	H・ヨナス 宇佐美・滝口訳	二〇〇〇円
ハンス・ヨナス「回想記」	H・ヨナス 盛永・木下・馬渕・山本訳	四八〇〇円
生命の神聖性説批判	H・クーゼ著 飯田・石川・小野谷・片桐・水野訳	四六〇〇円
生命科学とバイオセキュリティ—デュアルユース・ジレンマとその対応	四ノ宮成祥・河原直人編著	二四〇〇円
医学の歴史	今井道夫・石渡隆司監訳	四六〇〇円
安楽死法：ベネルクス3国の比較と資料	盛永審一郎監修	二七〇〇円
死の質—エンド・オブ・ライフケア世界ランキング	丸祐一・小野谷加奈恵・飯田亘之訳	一二〇〇円
バイオエシックスの展望	坂井昭宏・松浦悦子編著	三二〇〇円
死生学入門—小さな死・性・ユマニチュード	大林雅之	一二〇〇円
生命の問い—生命倫理学と死生学の間で	大林雅之	二〇〇〇円
生命の淵—バイオシックスの歴史・哲学・課題	大林雅之	二〇〇〇円
今問い直す脳死と臓器移植〔第2版〕	澤田愛子	二〇〇〇円
キリスト教から見た生命と死の医療倫理	浜口吉隆	二三八一円
動物実験の生命倫理—個体倫理から分子倫理へ	大上泰弘	四〇〇〇円
医療・看護倫理の要点	水野俊誠	二〇〇〇円
テクノシステム時代の人間の責任と良心	H・レンク 山本・盛永訳	三五〇〇円
原子力と倫理—原子力時代の自己理解	Th・リット 小笠原道雄編	一八〇〇円
科学の公的責任—科学者と私たちに問われていること	Th・リット 小笠原・野平編訳	一八〇〇円
歴史と責任—科学者は歴史にどう責任をとるか	Th・リット 小笠原・野平編訳	一八〇〇円
〔ジョルダーノ・ブルーノ著作集〕より		
カンデライオ	加藤守通訳	三二〇〇円
原因・原理・一者について	加藤守通訳	三二〇〇円
傲れる野獣の追放	加藤守通訳	四八〇〇円
英雄的狂気	加藤守通訳	三六〇〇円
ロバのカバラ—ジョルダーノ・ブルーノにおける文学と哲学	N・オルディネ 加藤守通監訳	三六〇〇円

〒113-0023　東京都文京区向丘 1-20-6　　TEL 03-3818-5521　FAX03-3818-5514　振替 00110-6-37828
Email tk203444@fsinet.or.jp　URL:http://www.toshindo-pub.com/

※定価：表示価格（本体）＋税